通知表をやめた。

茅ヶ崎市立香川小学校の1000日

共同通信社 社会部記者
小田智博
茅ヶ崎市立香川小学校長
國分一哉
慶應義塾大学教授
藤本和久
編著

日本標準

まえがき

茅ヶ崎市立香川小学校は、2020年度から「通知表」という手段で保護者や子どもに評価を伝えることをやめました。それは、今の公立小学校では珍しく、ほかにあまり例がないことだと思います。では、なぜ香川小学校は踏み切ったのでしょう。それは教員たちが、子どもたちの成長を願い考え、どう評価を伝えることがいいのか話し合った結果です。

わたしが教員になったのは1985年。当時から、学期末の通知表に疑問を感じていたことは事実です。この知らせ方が本当に保護者や子どもに良い影響を与えているのか。わたしと一緒に学び、学校生活を送った子どもたちの姿を的確に家庭に伝えているのか。しかし、通知表を出すのは当たり前のことで、いつもモヤモヤしながら作成していました。子どもたちには、これは学習の一部の評定で、あなたのすべてを表しているものではないと伝え、保護者にもどちらかというと自己評価や普段の姿のほうが大切だと伝え、取り組んでいました。現状の通知表が、本来の通知表の役割とはどこか違うと、担任を離れ管理職となってからも、通知表のあり方について考えてきました。

香川小学校に校長として着任し、教員たちと学校運営について話したり、理想の学校像について語らったりと、教育談議を楽しめるようになった頃、２０２０年度から新学習指導要領が完全実施になることを受け、教育評価についてもみんなで考えるようにしました。２０１８年度には、新学習指導要領の学習。どのように変わるのか。これからの子どもをどう育んでいくのか。わたしたちの授業をどのように改革しなくてはならないのか。観点別学習状況の評価が4観点から3観点になる意味、その違いを学びました。

そして、２０２０年度からの通知表をどのようにするか話し合いが始まりました。香川小学校は、話し合いの初めから通知表をなくそうとしたわけではありません。通知表の本来の役割を考え、どのように改訂するのがよいのか考えはじめたのです。ですから、この時点では通知表をやめることはだれも考えていなかったでしょう。

話し合いではまず、わたしたち教員が現在の通知表をどう考えているか、疑問に思うことや何を家庭に伝えたいかを出し合いました。すると、多くの教員から、現在の通知表は、「子どもの学習意欲につながっていない」「自己肯定感を高めることに逆効果に働いている」「保護者にわかりやすく伝わっていない」などの意見が出されました。一方で、「励みになっている子どももいる」「もっとわかりやすいものに改訂したい」という意見も出てきました。話し合いを進める中で、今のような学期末に渡している通知表でない形で伝えていくことも考えていいのかという声が上がりました。つまりこれまでの通知表という形をやめるという意見です。

わたしは、多くの教員がテストなどの点数をパソコンに打ち込み、あらゆることを点数化し、そこから導き出された平均値を「十分達成している」「おおむね達成している」「努力が必要である」などの評価に変換し、いずれかに丸を付けて、保護者に知らせている現状の通知表を作成しないことによって、教員の意識や子どもの学習に対する意識を変えることができるのではないかと考えました。そこで、「通知表を出さないことも一つの方法としてありだ」と伝えました。それは、香川小学校の教員を信じ、学校改革につながると考えたからです。楽しく笑顔の絶えない学校を目指して、チャレンジしたくなったのです。

しかし、その気持ちはぐっと胸の奥にしまい、教員たちの話し合いを見守りました。ここから、通知表を作成するならどのようにするのか、作成しないならどのようにするのかという話し合いになっていきました。その中で、「わたしたちは学習評価をしないということではない。わたしたちは日々評価をしている。授業と評価の一体化ということを考え続けなければならない。通知表は知らせる手段である。その変更を考えているのであって、学習評価については、学習指導要領の趣旨を踏まえ日々行っていく必要がある。それをはき違えることのないように」と共通理解して話し合いを続けることにしました。

香川小学校の学校教育目標は、「自分らしさを大切にし、互いに認め合える子どもの育成」

です。教室では、授業も含め学校生活すべてでこの目標を達成するように教員たちは考え行動しています。保護者への伝え方も、今までのように学期の終わりに総括的評価を伝えるのではなく、日常の形成的評価を伝えて子どもの成長を共に見守ることに取り組みたいという思いが強くなっていきました。そのためには、今までの通知表では、その役目を果たすことが難しく不要だという考えになっていきました。

結論として、香川小学校は、学期末の通知表という手段ではなく、そのほかの手法で子どもたちの姿を保護者に知らせていくことを選びました。これは一つのチャレンジであり、これが正解かどうかはまだわかりません。しかしながら、通知表のとらえ方、子どもの成長を育む教員と家庭のあり方、子どもたちの学びとは何かなど、香川小学校は、どのような子どもの育成を目指すのか、通知表のあり方だけにとどまらず、子どもを主語とした学校づくりに一歩踏み出せたと思います。

２０２０年度から新学習指導要領が完全実施されたことは、学校にとって、とても大きな変革をもたらすと考えています。ですから、学習評価や通知表についても各学校で議論されることは必然であると思っていました。しかし、評価の考え方や通知表が話題となることはあまりありませんでした。通知表のありなしだけではなく、学習評価について、通知表のあり方についてなど、今からでもそれぞれの学校で考えてほしいと願っています。

香川小学校は通知表をやめましたが、方法・手段は、ほかにもあると思います。公立小学校だから……という考えではなく、目の前の子どもの成長のために、今の学校を見直してみることが必要ではないかと考えています。忙しく時間のない日常の中で、教員みんなで考えることは大変かもしれませんが、今の学校には必要な時間だと思います。

通知表ではない形で保護者に子どもの姿を伝えていくことを決断したことで、見えてきたものが多くあります。これからもわたしたちが考え、変えていかなくてはならないことは山積みです。それでもわたしたちは、子どものより良い成長を考え、どのように保護者とつながり、子どもたちの笑顔の絶えない学校を創っていくのか、これからも模索し続けていかなければなりません。わたしたちは、通知表をなくす取り組みによって、子どもも学校も変わっていくと信じています。

本書が、公立小学校の改革に一石を投じることができるなら、大変うれしいことです。また、さまざまなご意見はあると思いますが、香川小学校の改革を温かく見守っていただきたいと思います。

2023年2月

茅ヶ崎市立香川小学校長　國分一哉

通知表をやめた。茅ヶ崎市立香川小学校の1000日　目次

第2章

通知表をやめたら何が変わったのだろう

第3章

通知表のもつ功罪と向き合った小学校

第1章

通知表をやめた香川小学校のあゆみ

共同通信社 社会部記者　小田智博

香川小学校の取り組みを耳にしたのは、新型コロナウイルスが世界を襲った2020年の夏の終わり、ある先生と久しぶりに杯を交わしたときだった。2、3回話を聞けば、前向きな話題として記事化できるだろう——そんな甘い見通しは早々に吹き飛んだ。同校は通知表をやめたがゆえの困難に直面していた。「この挑戦を追いかけてみたい」。ここにまとめたのは、その後の2年半で私が見聞きした出来事と、数々の証言に基づく、通知表をめぐる試行錯誤の記録だ。

1　通知表への疑問

「『あゆみ』について考えよう」

茅ヶ崎市立香川小学校（以下、香川小）では、通知表のことを「あゆみ」と呼んでいる。全国各地の学校で通知表の呼び名はさまざまだが、国立教育政策研究所が２００３年に公表した調査によると、「あゆみ」はもっとも一般的だ。子どもたち一人一人の学びに寄り添い、共に歩んでいきたいという先生の思いは、時代も地域も問わないのだろう。

「『あゆみ』について考えてほしい」。２０１８年４月１日、香川小に校長として着任した國分一哉は、午後に行われた初めての職員会議でさっそく切り出した。

國分の念頭にあったのは、２０２０年度からの全面実施が迫っていた新学習指導要領だった。学習指導要領とは、簡単にいうと学校で行うべき教育内容を大まかに示した文書だ。文部科学省のホームページには「全国どこの学校でも一定の水準が保てるよう、文部科学省が定めている教育課程（カリキュラム）の基準」と記載されている。

２０１１年度に全面実施された従来の学習指導要領が大きく変わるタイミングで、子どもの評価のあり方も変更されることが決まっていた。それに伴い、「あゆみ」の内容も、従来のものから大なり小なり変える必要がある。

2年後、香川小から「あゆみ」自体がなくなるとは、この時点ではどの職員も考えていなかっただろう。國分も明確な道筋を描いていたわけではない。ただ、この機会に通知表を一から問い直したいという思いは内に秘めていた。

通知表に意味はない？

通知表の起源は明治時代にさかのぼるといわれる。保護者に子どもの学習状況を知らせたり、子どもの学習意欲を高めたりすることが目的とされる。後述する「指導要録」と異なり、作成する法的義務も、決まった様式もない。そのため、なくすことも可能だが、大部分の学校では現在に至るまで慣例的に発行が続いてきた。

一方で、学校によってさまざまな工夫も施されてきた。「所見」の欄を大きく取って、子どもの様子を文章で細かく伝えるといったものが代表的だ。茅ヶ崎市を含む神奈川県の湘南エリアではとくに、教職員組合を中心に、通知表をめぐって教員同士の議論が盛んに行われてきた歴史がある。

「若い頃から通知表はいらないと思っていた」と國分は言う。労力がかかるわりに、子どもや保護者が見るのは、各評価項目について「よくできる」「できる」「もう少し」といった3段階のどこに印が付いているか、ということだけだと実感していた。それでは意味がないし、成績が悪かった子どものやる気をそぐことにもなる。國分はそう考えていた。

だから、あの手この手を使って「通知表はあまり意味あるものじゃない」と思わせようとしてきた。通知表を渡す前に子どもに自己評価させて「そっちのほうがメインだよ」と、子どもや保護者に伝えたこともある。その成果（？）だろうか。当時、「こくせん」という愛称で呼ばれていた國分は、子どもから「こくせんが付けているやつ（通知表）は、いい加減だよ」とからかうように言われたこともあった。

職員会議の場で、3段階評価ではなく、差が少ない2段階評価にすべきだと提案したこともある。しかし、「通知表をなくそう」とまで、ぶち上げたことはなかった。同僚や管理職の様子を見ていると、ヒラ教員の自分一人が言っても実現の目はないとわかっていた。

指導要録と一致させるべき？

香川小に来る前、計7年間にわたって所属していた茅ヶ崎市立松浪小学校（以下、松浪小）でも、通知表をめぐるやりとりがあった。横浜国立大学の学生時代、1カ月間の教育実習に行った思い出の学校だ。7年中、最初の4年はヒラの教員。教育実習で指導した子どもが大人になり、保護者と教師という形で再会するという、うれしい出来事もあった。教育実習ではたった1カ月の交流だったにもかかわらず、保護者の側から「もしかして……」と声を掛けてきたというから、きっと鮮烈な印象を残していたのだろう。

あるとき、当時の校長が、通知表の評価項目を指導要録と一致させる考えを明らかにした。茅ヶ崎市教育委員会の意向を踏まえたものだったが、國分らはこれに猛反対した。

指導要録は、子どもの学習や健康の状況を記録する公的書類で、学校教育法施行規則で作成が義務付けられている。学習面では、各教科にいくつかの観点が並び、小学校の場合は1年に1回年度末に、観点ごとにA（十分満足できる）、B（おおむね満足できる）、C（努力を要する）の3段階で評価する。さらに各観点の評価を総合し、教科ごとに3〜1の「評定」を付ける（ただし低学年は行わない）。中学校ではこれらがそれぞれ5段階となり、入試に活用する内申書などの資料の原本にもなる。記載内容は簡素で、通常は保護者や子どもの目には触れない。

先に記したとおり、通知表は保護者や子どもに伝えるためのもので、指導要録とは目的が異なる。そして松浪小の当時の通知表には、教員らのこだわりが込められていた。具体的には、子どもの「関心・意欲・態度」については、文章で評価を記していたという。指導要録に準じて3段階で評価するのが一般的だが、子どもの内面に優劣を付けることへの違和感を踏まえたものだ。

國分らは、指導要録と一致させればこうしたこだわりが失われてしまい、教育的ではないと訴えた。そして、最終的に校長の提案は撤回されることになった。

その後、國分は教頭を2年務め、そのまま松浪小の校長に昇進した。市の教育長からは「学校経営をがんばってください」と励まされ、「学校経営って、2、3年かかりますよね」と返した。教頭時代から培ってきたつながりを生かし、地域と連携した取り組みを構想していたが、翌年に香川小への異動を告げられた。

市全体の状況を踏まえた人事でやむを得ないとはいえ、わずか1年での転勤に、國分には残念な思いもあった。「あの、1年で学校経営はできません」と皮肉を言うと、教育長は「それはもう重々わかっています。次はがんばってください」と苦笑いした。

香川小へ着任する

香川小の最寄りのJR相模線香川駅は、ホームが一つの小さな駅だ。駅前には小さな居酒屋やスーパーが点在している。踏切を渡り、香川小学校通りを東に進む。道沿いには一戸建てが並び、コンビニエンスストアや個人経営の店が時折目につく。車の行き来は比較的少なく、のどかな雰囲気だ。香川小までは歩いて10分ほど。ちなみに、國分は茅ヶ崎市内の自宅から車で通勤している。校内が全面禁煙となった現在、通勤中は心置きなくたばこをくゆらす貴重な時間だという。

香川小がある茅ヶ崎市は、サザンオールスターズの桑田佳祐の出身地として知られる。その楽曲の印象もあり、海辺の町というイメージが強いが、太平洋に面しているのは市南部。香川小は北部に位置しており、校内にいるだけでは海の近さは感じられない。

全校児童が1000人以上で、各学年5、6クラスある、いわゆるマンモス校だ。共働きで忙しくしている家庭がたくさんあるそうで、中には複雑な家庭環境を抱える子どももいる。

着任当初、國分が気になったのは、細かいルールを守らせようとする教員の姿が目立ったことだった。立ち歩いたり、騒いだりする子どもが少なくない中、どうにか授業を成立させようとする苦労の表れではあったが、望ましい指導ではないと感じた。

前任の松浪小では、同じ学校の中でヒラの教員から教頭、校長になったこともあり、アットホームな雰囲

國分一哉校長

気があった。役職は変わっても、教員には「國分先生」、子どもたちにも「こくせん」と呼ばれていた。國分は学生時代にアメリカンフットボール部で鍛えただけに、今も大柄な体だが、顔には柔和な笑みをたたえ、威圧感を感じさせない。それでも、最初から校長として着任した香川小では、当然ながら「校長」として見られてしまう。

着任2日目か3日目のことだ。職員室で、ある教員から「体育館の中にある放送室の鍵の置き場所を変えたい」とおそるおそる提案された。変更案を確認したうえで「それはいいですね」と何気なく言うと、「えっ、いいんですか」と驚かれ、周りの教員らもざわめいた。國分は「わたしがどんな考えをもっているのか、試すような思いもあったようだ」と振り返る。

國分は学校運営に当たり、教員がプレッシャーを感じることなく、発言しやすい環境をつくることが先決だと考えた。「その時点でぼくが仮に『通知表を出すのをやめる』と打ち出していたら、もしかすると『校長がやれというならやります』と、議論もなく決まっていたかもしれない。でも、それじゃだめなんだよね」

子どもや保護者とおもに向き合うのは一人一人の教員だ。みんなで話し合って決めるプロセスがなければ、どんな結論が出たとしても教員が自分事としてとらえることができない。

國分がいる間はそれでもいいかもしれない。だが、ある校長が強力なリーダーシップで大胆な改革を成し遂げても、別の校長に代わると、あっという間に逆バネが働くケースは珍しくない。そんな事態は避けたいという思いがあった。

新学習指導要領への対応

國分は、自校での通知表改革を検討する前に、やらなければならないこともあった。茅ヶ崎市の校長会で、各校が新学習指導要領に合わせた通知表を作成するための「ひな形」を作成することが決まり、國分はその取りまとめの担当になったのだ。

従来の学習指導要領に基づく指導要録上の評価は、4観点で構成されていた。すなわち「関心・意欲・態度」「思考・判断・表現」「技能」「知識・理解」であり、この観点ごとにABCの3段階で評価する形式だった。各校の通知表も基本的には、この指導要録に基づき、4観点をそれぞれ3段階で評価していた。

これが新学習指導要領に変わったことで、指導要録上の評価の4観点は3観点に整理された。「知識・技能」「思考・判断・表現」「主体的に学習に取り組む態度」である。すると、4観点を前提につくられていた各校の通知表も、3観点に基づくものに差し替える必要が出てくる。それを検討するのが國分らの役目だった。

ここで、当時、香川小で配布していた通知表について説明したい。茅ヶ崎市は2学期制(前後期制)を採用しているため、通知表を配るのは年2回。各教科のいくつかの評価項目について、1、2年は「達成している(=A、B)」「努力が必要である(=C)」の2段階で評価する。3~6年は「十分達成している(=A)」「おおむね達成している(=B)」「努力が必要である(=C)」の3段階で評価し、どの学年でもこの2ないし3段階のいずれかに丸が付けられることになる。

次に、算数を例に取り、学年ごとの評価項目の文面を見てみよう。いずれも項目は4つあり、当時の4観点に対応している。まずは低学年だ。

【1年生】

・数量や図形に関心をもち、進んで学習しようとする。
・基礎的な知識・技能の習得や活用を通して、考えて表現する。
・整数の計算ができ、ものの大きさを測定したり、図形を調べたり数量の関係を表したり読み取ったりする。
・整数の意味と表し方、計算の意味を理解し、量や図形、数量の関係について基礎的な理解をしている。

【2年生】
・数量や図形に関心をもち、進んで学習しようとする。
・基礎的な知識・技能の習得や活用を通して、考えて表現する。
・整数の計算ができ、ものの大きさを測定したり、図形を調べたり数量の関係を表したり読み取ったりする。
・整数の意味や表し方、計算、量の単位と測定、図形の意味、数量関係を理解している。

3番目までの項目は一言一句同じ。4番目の項目は、1年生が「基礎的な理解をしている」とあるのに対し、2年生は「理解している」となっている点などがわずかに異なる。2年生については、整数の意味や表し方、計算、量の単位と測定、図形の意味、数量関係と、5つの学習内容が並列されている。この項目の評価からは、はたして「計算は得意だが、図形が苦手」といった一人一人の子どもの状況が読み取れるのだろうか。

漢字にふりがなもないため、低学年の子どもでは各項目の文章の意味を理解するどころか、音読することさえままならないはずだ。「達成している」「努力が必要である」の数しか読み取れないだろう。

続いて中学年はこのようになっていた。

【3年生】
・数量の関係や図形の性質について関心をもち、生活や学習にいかそうとする。
・算数的活動を通して、数学的な考え方の基礎を身につけ、筋道を立てて、表現する。
・数の計算や量の測定をし、図形を構成したり、資料を表やグラフに表したりする。
・整数・小数・分数の意味と表し方、計算の意味、量の単位と測定、図形の意味、数量の関係を理解している。

【4年生】
・数量の関係や図形の性質について関心をもち、生活や学習にいかそうとする。
・算数的活動を通して、数学的な考え方の基礎を身につけ、筋道を立てて、表現する。
・数量の関係を表して調べたり、いろいろな数や面積の計算や図形の作図をしたりする。
・整数・小数・分数の意味と表し方や計算の仕方、面積の意味や単位、図形の概念や性質、数量の関係を理解している。

3年生と4年生の違いはわずかだが、低学年と比べるといくつかの違いがみられる。例えば、1番目の項目で「関心をもつ」ことが望まれる対象として、低学年では「数量や図形」が挙げられているのに対し、中学年では「数量の関係や図形の性質」とある。より抽象的なものに目を向けることが求められているということだろう。
高学年はこのようになっている。

【5年生】
・数量や図形に関心をもち、進んで生活や学習に活用しようとする。
・見通しをもち筋道を立てて考え表現したり、考えを深めたりするなど、数学的な考え方の基礎を身につけている。
・数量や図形についての表現や処理にかかわる技能を身につけている。
・数量や図形についての意味や性質などについて理解している。

【6年生】
・数量や図形に関心をもち、進んで生活や学習に活用しようとする。

・見通しをもち筋道を立てて考え表現したり、考えを深めたりするなど、数学的な考え方の基礎を身につけている。
・数量や図形についての表現や処理にかかわる技能を身につけている。
・数量や図形についての意味や性質などについて理解している。

見てわかるように、5、6年は一言一句同じ。中学年と比べると、具体的な学習内容の記載が消え、より抽象的な文章となっている。

子どもや保護者は、こうした項目の「十分達成している」「おおむね達成している」「努力が必要である」といった評価欄に丸が付いた（評価が付いた）通知表を受け取ることになる。その際、どうしてその評価になったのか理解できるのだろうか。そしてその後の学習に、具体的にどう生かしていくことができるのだろうか。そんな疑問が浮かんでくる。

校長会に話を戻すと、新学習指導要領に沿った通知表のひな形を作るメンバーは國分を含む校長4人。教科を分担してそれぞれ学習指導要領を読み込み、通知表の文面に反映させる作業に当たったった。作業を進めるうちに、だれからともなく、こんな声が漏れた。

「やればやるほど、いらない気がしてくるよな……」「保護者も子どもも、これをもらっ

6年	児童氏名	

教科	学習のめあて		前期			後期		
			十分達成している	おおむね達成している	努力が必要である	十分達成している	おおむね達成している	努力が必要である
国語	国語に対する関心を深め、適切に話したり聞いたり書いたり、読書を通して考えを広げたり深めたりしようとする。	関心・意欲・態度						
	目的や意図に応じ、考えたことなどについて的確に話したり、相手の意図をつかみながら聞いたり、計画的に話し合ったりする。	話す・聞く能力						
	相手や目的、意図に応じ、考えたことなどを文章全体の構成の効果を考えて文章を書く。	書く能力						
	目的に応じ、内容や要旨をとらえながら本や文章を読んでいる。	読む能力						
	伝統的な言語文化に触れたり、言葉の特徴やきまり、文字の使い方などについて理解し使ったりするとともに、文字を正しく整えて書いている。	言語についての知識・理解・技能						
社会	歴史・政治・国際社会に関心をもって調べ、世界の人々と共に生きていく自覚をもとうとする。	関心・意欲・態度						
	歴史・政治・国際社会について学習課題を見つけ、その意味について思考・判断したことを適切に表現している。	社会的な思考・判断・表現						
	歴史・政治・国際社会の様子を調査したり、資料を活用したりして、必要な情報を集め、読み取りまとめている。	観察・資料活用の技能						
	歴史・政治・国際社会について理解している。	知識・理解						
算	数量や図形に関心をもち、進んで生活や学習に活用しようとする。	関心・意欲・態度						
	見通しをもち筋道を立てて考え表現したり、考えを深めたりするなど、数学的な考え方の基礎を身につけている。	数学的な考え方						

4観点に対応した香川小学校の通知表（2019年度の6年、一部）

たからといって、何を目標に学習を進めたらいいのかわからないよね」「結局、どの位置にいくつの丸があったか、というところだけに目がいってしまう」

通知表の判の大きさや教員の負担を考えると、具体的な学習内容とその評価を逐一記すような形式は採用できず、各項目の文章は香川小のそれと同じように抽象的なものにならざるを得ない。「じゃあ、やめたいよね」。4人の思いは一致した。でも「一歩踏み出せないよね……」。國分以外の校長は、通知表を出すのが当たり前だという長年の慣習に、あえてメスを入れる決心まではつかない様子だったという。

約1年かけて、校長会で新学習指導要領に対応した通知表の「ひな形」を作成した。

だが、これはあくまでもひな形であり、どんな通知表にするかは各校での話し合いを大切にしようと確認した。

教室を並べかえたい

香川小に着任してから、國分はことあるごとに、みんなで話し合って決めよう、という姿勢を打ち出した。不必要な慣習は見直し、打ち合わせのときなどに校長が一方的に話す機会は極力減らして、時間も短くした。

２０１８年の夏休み初日、朝の渋滞に巻き込まれ、定時から数分遅れで職員室に入ると、朝の打ち合わせが始まっていた。國分が「夏休みなのに毎日打ち合わせするの？」と驚くと、教員から「えっ、やっていない学校もあるんですか？」と問い返された。話し合いを経て、今では朝からの出張や研修の多い夏休みの打ち合わせはまったくなくなったという。「どうせ全員そろわないし、必要なときはネットで連絡すればどこにいても見られるからさ」と國分は言う。

通知表については、職員との雑談の中でたびたび話題にした。「保護者が求めている評価って何だと思う」「指導要録と通知表を一致させていいのかな」「いい評価が多かったら喜んで、そうじゃなかったら悲しむだけ。それでは意味がない気がする」「通知表は学校で形式を決められるんだよね」。國分は当時を振り返って「種をまいていた」と表現する。

徐々に話しやすい雰囲気が広がってきたある日、校務分掌の「児童支援グループ」の教員から提案があった。聞けば、来年度の1年生と6年生の教室を交互に並べたいとのことだった。

来年度の6年生、つまり2018年度の5年生の学年には車いすを使っている子が在籍している。エレベーターが設置されていない中、車いすで2階以上に上るのは困難なため、この学年は1年生のときからずっと、教室は1階だった。同級生たちは事情を受け入れていたが、「何の変化もない」といった声が漏れることもあったそうだ。

また、この学年は大小問わずトラブルが目立っていた。この子たちに優しさを身につけさせるにはどうしたらいいか。児童支援グループの教員らが考えた結果、1年生と隣の教室にして、普段から関係をもたせたらどうかという案が浮かんだという。

そうすれば、一部のクラスは2階の教室に配置できる。車いすを使っている子がいるクラスは1階のままだが、隣に1年生がいれば、これまでとは少し違う雰囲気になるのではないか……。

提案を聞き、國分はわが意を得たり、との思いだった。学校では、同じ学年のクラスは固めて配置するケースが多いが、國分は必ずしもそうする必要はないと考えていた。過去に在籍した小学校でも提案してきたが、実現には至らなかったという。

「そうか、校長だし、やろうと思えばできるんだ」。そんなふうに思って、國分ははたと立ち止まった。思い切った提案だけに、反発する教員もいることが予想される。課題がある子どもを多く抱えた学年だけになおさらだ。國分は「児童支援グループの提案ということで、みんなの意見を聴こう。その中で校長としての意見も言う。そういう形でやろうよ」と言った。

秋に話し合いが始まった。これが香川小にとって重要な意味をもつことになった。

分かれた賛否、それでも一歩

話し合いは紛糾した。

「どうして校長先生や児童支援グループの先生方は、そっちのほうが教育的に効果があるって言い切れるんですか」と疑問の声が上がった。

「来年6年生の学年は大変な子が多いから、1年生とトラブルが絶えなくなるのでは」

「体の大きさが違うから、1年生がけがをしてしまいそう」

「1年生が教室でピアニカを吹いたり、騒いだりしていたら6年生が勉強できないんじゃないか」

「終業時間が違うから、1年生が下校するときにうるさくなってしまう」

「デメリットしか思いつかない」……。そんな意見が相次いだ。

一方、児童支援グループの教員をはじめとして、賛成する教員も少なくなかった。

「1年生の前でそこまで乱暴はしないはずだ」

「1年生を意識して生活することは、彼らにとってプラスになるはずだ」

そうやって意義を説いた。ただ國分も含め、香川小のだれも経験したことがない取り組みで、ほかの学校での実践例があるのかどうかもわからない。絶対にうまくいくと、確信をもって語れる教員はいなかった。

話し合いの末、結論は校長にゆだねるとなった。そこで國分はアンケートを提案した。「賛成か反対か、危惧するところは何か、正直に書いてほしい」。結果は、賛否が真っ二つに分かれた。

「半分に割れてしまった以上、校長としては踏み切れないと思った」と國分は振り返る。

しかし、諦めはしなかった。当初案では1、2階にそれぞれ「1、6、1、6……」と並べることを目指していた。これを「1、1、1、6、6、6」というふうにして、各階に1カ所だけ1年生と6年生のクラスが隣接する場所を作ってはどうかと提案した。

「本当に問題が起きたり、6年生と1年生がうまくいかなかったりするのか、試してみようよ」。すると、反対派も含めて納得を得ることができた。

國分は、異学年が隣り合うクラスの担任を、賛成派の教員に任せた。2019年度が始まるとまもなく、「何も問題は起こらないじゃん」とほっとする声が上がりはじめた。それだけではない。「あの子たちが優しくなったよ」。1年生と隣接しているクラスでは、5年生のときまでしょっちゅうトラブルを起こしていた子どもたちに明らかな変化が見られるようになった。國分に言わせると「だんだんまろやかになってきた」そうだ。

一方、1年生から離れた位置にある6年生のクラスは、5年生のときの雰囲気を引きずっているところがあった。そのうち、そのクラスの子からも「ぼくたちも1年生の隣がいい」「1年生と仲良くしたい」といった声が上がりはじめた。教員も「わたしたちも隣でやりたかった」とうらやんだ。

効果に疑問の余地はなかった。2020年度の教室配置の話し合いでは一転して、ほぼすべての職員が1年生と6年生の教室を交互に配置する案に賛成した。國分はさらに踏み込んで「来年度の1年生が2年生になったらさ、5年生の教室と交互に配置するというのもやろうよ」と提案した。職員からの反応は、予想を上回るものだった。「やるなら、1年と6年だけじゃなく、2年と5年についてもいっぺんにやりましょう」

学校は前例踏襲の文化が強く、新しいものを取り入れることに消極的だとみられがちだ。

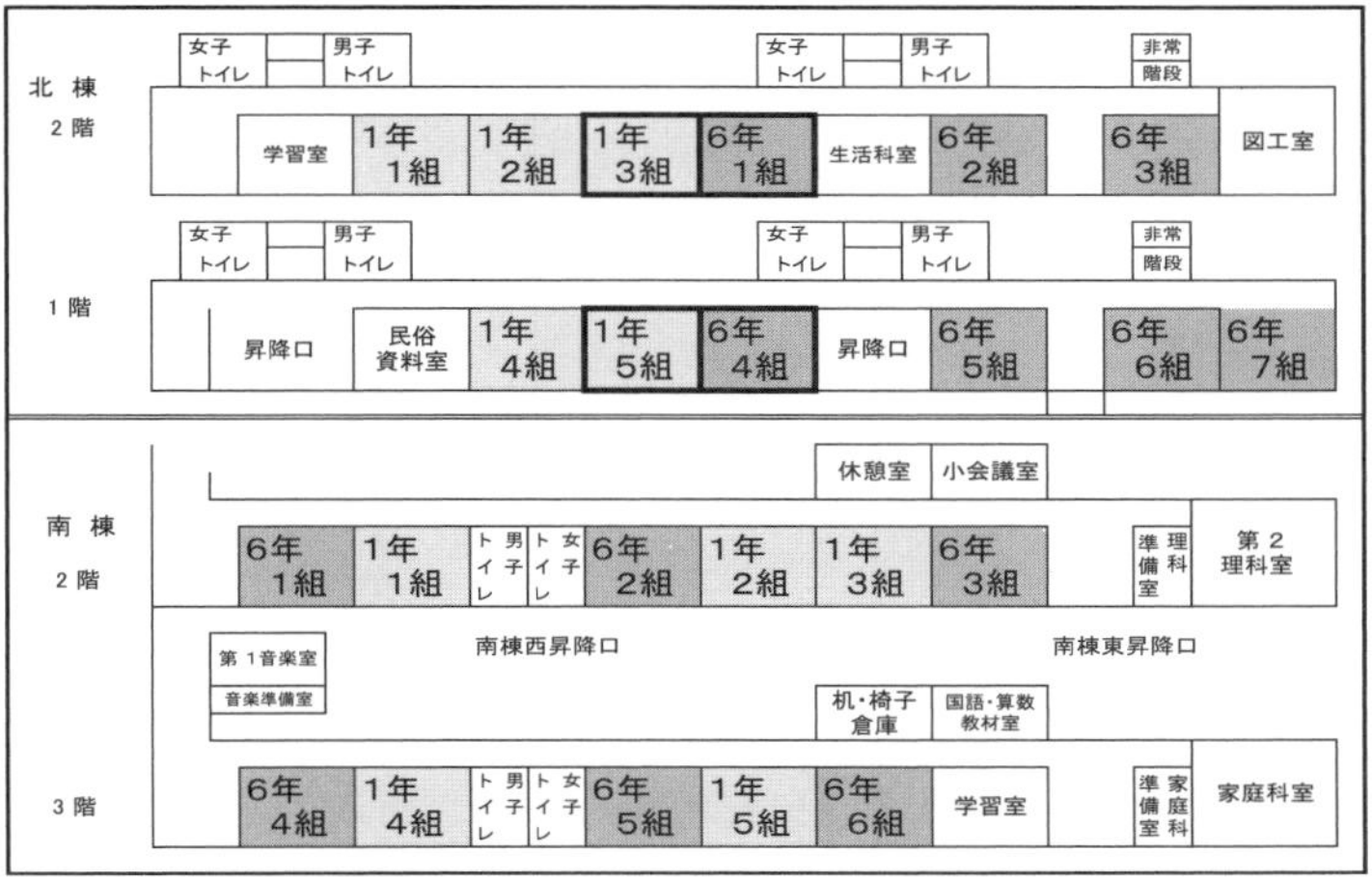

1・6年教室配置図　2019年度（上）／2020年度（下）

もっともな面は大いにある。一人一人の子どもにとって一度きりの学校生活である以上、安易に手を出して失敗するわけにはいかないという思いを抱くのは当然だろう。内容によっては、保護者や地域住民の意向にも目を配らなければならないケースもある。教員の多忙化がいっこうに解消せず、新しいことをする時間的、精神的余裕も限られている。

一方で、変わらないのが最善、というのも明らかに違う。教室配置をめぐり、議論を尽くしたうえで、香川小は一歩だけ踏み出した。そこで確かな成果を得たことで、職員にはある種の自信が付いた。國分にはそのように感じられた。これから本格化する通知表についての話し合いが、実りあるものになるという期待が高まっていった。

2 考え抜いた教師たち

話し合いのキーパーソン

「通知表をなくせたのは、國分校長がリーダーシップを取ったからですよね」。そんなふうに言われるたびに、國分は「違うんだよ。職員で話し合って決めたんだ」と答えている。謙遜ではなく、事実としてそうなのだと言う。

通知表を出すかどうかを決める権限は校長にある。そういう意味では最終的に決断したのは確かに國分だ。だが、最初から廃止ありきで話し合いを始めたわけではなかったという。ある教員によると「校長は、職員との雑談ではいろいろと自分の考えを話していたが、正式な議論の場ではほとんど口を開かず、職員の意見を静かに聴いていた」そうだ。

國分は、職員の中に2人のキーパーソンがいたと言う。一人はベテランの三堀あづさ教諭だ。

序列をつくらない

三堀の理想は、子どもたちが多様性を認め合い、学ぶ楽しさと喜びを分かち合う学校であること。そのためには、序列をつくらないようにしたいと考えている。

勉強にせよなんにせよ、得意な子と苦手な子がいる。「できる」ことだけをほめていると、子どもの間には「できる＝よい子」という等式がすり込まれ、自然と序列が形成されていくと三堀は説明する。だからほめるときには、できたことだけでなく「もう一つ違う価値を付けるように工夫している」という。「できたね、がんばったからだよ」「楽しく書けた」「優しく言えた」「お友達の話をよく聞いてできた」といった具合だ。

「先生はそのやり方好きだよ」「すてきだねえ」「面白いね」。そんなふうに、自分自身の感覚を前面に押し出した表現でほめることも心がけている。「教育は主観なんです。人がつくるものなので。客観的に、っていうのは無理なんです」と三堀は言い切る。

三堀にとって通知表は、普段からのそんな積み重ねをすべて台無しにしてしまうものだという。できるという評価を受けた子は、あたかも人格的にも優れているかのように感じ、周りもそのように受け取る。できないという評価を受けた子はその逆だ。「まるでえらい人のお告げみたいに、子どもをランク付けしてしまう。有害なんです。ずっと嫌だと思っていた」

相対評価と絶対評価のはざま

通知表のあり方は、前述した「指導要録」の変化の影響を大きく受けてきた。戦後以来、最大の変化があったのが２００１年。それまでの「相対評価」が「絶対評価（目標に準拠した評価）」に改訂された。

戦後まもなく採用された相対評価は、クラスや学年といった母集団の中での相対的な位置を示すという評価方法だ。５段階評価の場合、５と１の人数は全体の各７％、４と２は各24％、３は38％と、正規分布曲線を描くように評価する。

選抜の手段として重宝された一方、クラス全員ががんばっても必ず1を取る子どもが出るなど、問題の多い評価として長年、各方面から強く批判されてきた。せめて通知表では、相対評価の色を薄めたいといった取り組みも行われてきた。それだけに、定められた目標に到達しているかどうかを示す絶対評価の導入は、学校現場でもおおむね歓迎された。

しかし三堀は、絶対評価であっても、子どもを事実上ランク付けすることには変わりないと強調する。

「あゆみ」は「インパクトが強すぎる」――。三堀が通知表をなくしたい理由は、煎じ詰めればこの一言に集約できる。子どもに3段階で下の評価を付けるとしても、心ある教員であれば、次こそはがんばってほしいという思いを込めるはずだ。しかし、子どもはその評価を見てどう思うか。三堀は「『おれ、頭悪いんだ』って受け取ってしまうわけですよ。努力してもいい評価を取るのは無理だって思っちゃうんです」と語気を強める。

真ん中の評価が多い子は「その辺になんぼでもいるような人間」と扱われているように受け止める。そして一番上の評価が多い子は優越感に浸る。三堀は、そんなものはくだらないと思っている。通知表が示しているのは、子どもの能力のほんの一部にすぎない。

人よりも我慢ができる、友達に優しく教えられる、困っている人を誘ってあげる、みんなが仲良くできるように話題を提供する……。人の能力なんて、本当にいろいろなものがあって、通知表でそれをすべて網羅することなど不可能だ。

國分は、絶対評価が徹底されていないのではないかという疑問ももっているという。

國分によると、茅ヶ崎市では6年生のみ、指導要録上の評価を市の教育委員会（以下、市教委）に提出する慣例がある。以前勤めていた学校で提出したところ、市教委から「Aが多すぎないか」と指摘されたことがあるという。「絶対評価をした結果だから、多くてもいいじゃないですか」と反発したと当時を振り返る。同様の指摘をする教育委員会は珍しくないという声もある。

「あゆみ」にかける200時間

三堀は通知表に否定的な一方、作成に毎回、膨大な時間を費やしてきた。理由は「管理職や保護者から『なぜこの評価なのか』と言われても、根拠を示せるようにするため」だという。「やっぱり従順な公務員だから」。ちっともそう思っていないような笑みを浮かべる。

評価項目ごとに、授業やテストのどこを評価するかを整理する。1回のテストで決めるようなことはせず、授業の中でどんなことを思ったかを子どもにこまめに書かせるなどして、評価の材料をためこみ、ノートに記録する。関心や意欲、態度といった、子どもの内面を推し量るような評価項目についても、「がんばっていそうだからよい評価にする」などと適当には付けず、根拠を明確にしているという。「これが子どものためになるとは思えずに、成績を付けていました。完全に保護者向けに書いています」と三堀は振り返る。

三堀と何度も同じ学年を担当した吉野勝彦教諭は「毎日蓄積して、書き上げて、間違いがないかを確認して、というのをすべて合わせると、たぶん200時間ぐらいはかけていると思う。終わった次の日、くったくたで学校に来ていますもん」と明かす。同僚から見ても、その労力のかけ方は尋常ではないらしい。

國分の着任1年目の2018年度は、通知表に関する正式な議論は棚上げされていたと前に記した。しかし、一度だけ職員を集めて話し合う機会をもったことがある。そこで『あゆみ』を出すのはもうやめたい」と明確に言ったのが三堀だった。

この時点では、三堀の主張に対し「過激だなあという雰囲気が流れた」と國分は振り返る。しかし、1年生と6年生の教室配置をめぐる成功体験を経て、職員の受け止めは明らかに変わっていた。「三堀先生の言うことも、もっともかもしれない」。常識外れに思えるような訴えに対しても、聞く耳をもとうとする職員が増えていた。

望ましい評価の手段か

國分が、職員の中でもう一人のキーパーソンだと言うのが、中堅の山田剛輔教諭だ。教員になったのは2005年。國分と同じ2018年に香川小へ移り、通知表の扱いを担う「カリキュラムグループ」のまとめ役となっていた。

教職に就いて2校目の茅ヶ崎市立汐見台小学校（以下、汐見台小）は新設校で、一から決めていくことばかり。職員はもちろん、子どもたち、保護者や地域住民が一緒になり、理念に掲げた「学ぶこころが輝く学校」の実現に向けて取り組んだ。山田は初年度の6年生の担任を受け持ち、初の卒業生を送り出した。「今あるものを、意味もわからず考えず、ただこなしていくんじゃなくて、よりよいものを求めていくという基盤は、そこで培われた」と話す。

汐見台小の通知表は当時、見開きの右半分の大部分を、文章で記す「所見」の欄が占めていた。負担は大きいが、子どもにとって通知表を意味のあるものにしようと考え、子どもたちの普段の様子やがんばったことを具体的に記していた。もともとの大きなスペースでも足りなくなり、紙を継ぎ足して書くこともしばしばだった。

しかし、汐見台小から教職大学院を経て香川小に移ると、通知表の所見欄は3、4行だけだった。限られた枠の中、抽象的な言葉でまとめるしかなくなった。「こんな所見、本当に意味あるのかな」。3段階評価については三堀と同様の理由で否定的だっただけに、通知表自体に対する疑問が膨らんでいった。

山田自身、子どもの頃にもらった通知表で「かたかなが書ける」といった評価項目に低い評価を付けられたことを、嫌な記憶として今も覚えている。通知表を受け取った時点ではすでに書けるようになっていたのに、通知表を見た家族や友達から「書けないの？」と言われ、ショックを受けたという。

さらに、山田はもともと、子どもたちが取り組んだプリントや作品、それらに対する山田のコメントを普段からファイルにとじ込んでいく「ポートフォリオ評価」を実践していた。子どもの様子が保護者に伝わりやすく、子どもも日常的に振り返りができる。これに比べると、学期に1回しかない通知表に大した意味が感じられず、時間ばかり食う無駄な慣習に思えた。

学習評価というと、通知表やテストのようなものばかりが頭に浮かびがちだが、毎日の授業で子どもの取り組みに声を掛けるのも提出物にコメントを付けるのも、評価の一つの形だ。山田は、子どもたちの学びを後押しする観点から考えたときに、通知表は望ましい評価の手段だといえないという問題意識をもっていた。

そもそも文部科学省（以下、文科省）は、学習評価のあり方について「評価のための評価」で終わらせず、子ども自身が学んだことの意義や価値を実感し、目標や課題をもって、学習を進めていけるようにすることが大事だと指摘している。また、教員の指導の改善に役立てることも重要だとして、「指導と評価の一体化」を求めている。通知表廃止は、文科省の考え方とも深いところでは一致するはずだと山田は考えていた。それだけに、國分が提案した通知表の問い直しの機会は、願ってもないものだった。

不毛な作業に疲れ切る

実は香川小では、通知表に対して肯定的な思いをもっている教員もそうでない教員も一致して「なんとかならないものか」と感じている課題があった。それは「記載した通知表にミスがないかを繰り返しチェックする時間があまりにも不毛だ」というものだった。

ここで、香川小で通知表を作成するまでの大まかな作業を整理したい。普段の授業での様子やテスト、提出物などをそれぞれ評価して控えておく。学期末になると、その評価を総合し、通知表の項目ごとにＡＢＣの３段階評価を決める。これを書き付けたノートなどは「原簿」と呼ばれる。

原簿に付けた評価は、「一覧表」と呼ばれる指定の用紙に落とし込む。一覧表を見ながら、同じ学年の教員同士で、評価が適当かどうか話し合う。とくに注目するのは、３段階の最低評価のＣを付けることの妥当性だ。

吉野は「Ａはご褒美的なところがあるので、付けやすいんですけど、Ｃを付けるって、やっぱり結構気を使うこと。とくに若い先生は『怖い』と感じるようだ。保護者の反応が気になるのだろう」と話す。「この子は、これもできてなくて、あれもできてなくて、それでＣにしようと思うんですが……」などと相談を受けるケースもあるという。評価が決まったら、通知表に転記する。そして一人一人に文章での所見を書き込み、校長のチェックを経て完成となる。

この一連の工程の中で、教員同士によるミス防止のためのチェックが何度も挟まる。山田は「1回チェックするたびに2時間とかかかるんですよ」と、思い出すだけでうんざりした様子だ。「A、B、B、B、B……っていう具合に一人が言って、もう一人が間違いないか見ていく。もともと、通知表を渡す意味自体がないと考えていただけに、何のためにこれやっているの？って思っていましたね」

神奈川県内では少し前から、通知表の誤記載が問題になり、教育委員会が謝罪するケースが頻発していた。地元メディアも大きく取り上げ、誤記載をなくすことが最優先課題になり、何重ものチェックが求められることになっていた。

チェックの時間を多めに取る必要があり、「一覧表」を作成するのは実際に配る2週間も前。一覧表を作成するまでにも時間がかかるため、2月中旬以降の出来事は学年末の通知表に反映させることができないという。2月末から3月にかけて、学年末の最後の1カ月は本来なら、1年間関係を築いてきた子どもたちと一番濃密な時間を過ごせるはずなのに、通知表作成に追われてだれもが疲れ切っていたそうだ。

「あり」か「なし」か

２０１９年度の話し合いはまず、夏休み前ごろから、学年ごとに集まって意見を出し合うところから始まった。各学年5、6クラスある大規模な小学校だけに、全員が集う機会をつくるのはなかなか大変だからだ。

山田は、出た意見をまとめて数枚のプリントに記し、２０１９年10月に行われた全体の話し合いで配った。プリントには、「あゆみ『あり』？　それとも『なし』？」と並列に記され、通知表を「なし」にすることが当初から有力な選択肢だったように読み取れる。その点を山田に聞くと、「ばれたか」という表情をした。

「ここはぼくの思いがかなり入っています。最初からみなさんに（なしにしようという考えが）あったわけではないので」。國分と折に触れて雑談をする中で「通知表を『なし』にする選択肢も『あり』だよね」と聞かされていたこともあり、あえて打ち出したのだという。

山田はプリントで、子ども、保護者、教師のそれぞれにとって、あるべき評価の形を次のように整理して示した。

☆子どもが、自分のがんばりを実感できる。

☆保護者が、子どもの成長を喜び、ほめる。
☆教師が、子どものがんばり（活躍）を認め、励ます。

教員から集まった、「あゆみ」が子どもに与えるメリット・デメリットに関する意見はそれぞれ以下のとおりだった。

【メリット】
・モチベーションになっている子どももいる。
・「あゆみ」を見て、すごく喜んでいる子もいたし、「ぼく、後期はもっとがんばるね」と言って反省していた子もいた。励みになっているのかも。
・「あゆみ」を渡しているとき、「よし後期やろう」と意欲をもつ子もいた。
・3年生以上は、自分の学習の振り返りができるときでもあるので、「あゆみ」があったほうがよいと思う。
・丸の数しか見ないのであれば、変えていく必要がある。丸の数が、良くも悪くも子どものモチベーションになっていると感じる。

【デメリット】

・C評価が多い子どもは、学習意欲をなくしてしまうのではないか。
・がんばっている子にC評価を付けないといけないことがある。
・教育支援が必要な子どもに劣等感を抱かせてしまうのではないか。
・〝評価のための勉強〟でよいのか。「先生、これは成績に入りますか」という子どもの発言。
・タイムリーに評価していく。子どもを伸ばしていくのに、今の「あゆみ」は効果的ではない。
・努力が報われる子は、ほんの一部。その子たちは、日常的にほめられている。がんばりがなかなか成果に出ない子たちのモチベーションを下げかねない。
・いくら口で、努力したことやがんばっていたことをほめてあげても、丸の位置が子どもにとっては一番になっている。
・普段、授業を真面目に受けず、今日の「あゆみ」がだめだろうと思い、結果ふるわず（現実を見て）、戒めとしての「あゆみ」になっていた。
・「あゆみ」では、前向きにがんばっていてもC評価の子どもが出てきてしまう。
・1、2年生は、早生まれだと1年間も発達の違いがある。

・この評価で、人物としての優劣が子どものうちから出てきてしまっている。
・まとめてひとつの丸にする意義はなんなのか、わからない。子どものラベリングになってしまう。

山田は、メリット・デメリットを列挙した後に、「担当の見解」として、当時の「あゆみ」に関する強い問題意識をにじませた。それは以下のとおりだ。

「がんばろう」「やろう」という意欲は大事であるため、結果を通知することについて、一定の評価ができる。しかし、すべての子どもに於いてそうしたポジティブな意欲づけとなっているわけではなく、学習に困難さを抱えていて支援の必要な子どもにとっては、「あゆみ」がマイナスに働き、学習意欲を低下させることにつながっていることも見えてきた。

半年間蓄積された資料による結果の通知「あゆみ」が、子どもの具体的なメタ認知や省察へとつながるのかは問い続けなくてはならない。できる子たちはメタ認知できているため、何をどのようにがんばればよいのか自分で考えて実行することができるが、学習に困難さを抱えている子とその保護者は、何をどのようにすればよいのか、「あゆみ」

の記載だけではわからない。むしろ、日常的に具体的な学習内容とともに伝えていくことが必要となるだろう。そう考えると、「あゆみ」の存在意義が問われる。「あゆみ」を継続するのであれば、子どもの学習意欲を高めたり、支援の必要な子のがんばりが認められたりするようなものを作っていく必要がある。逆に、「あゆみ」をなくしていくのであれば、それ以上に効果が見込める学習評価とその伝達方法を提示していかなくてはならない。

続いて、教員が挙げた「具体的な改善策」を見てみると、「あり」派も、改善の余地が大いにあると考えていることがわかる。とくに提案が多かったのは、3段階評価の3～6年も、1、2年と同じく2段階評価にしてはどうか、というものだった。指導要録上はABCの3段階評価を付けざるを得なくても、通知表ではABを一緒の評価として扱うという形だ。理由としては以下のような意見が出た。

「チェックがしやすくなる。ほとんどの子が達成感等を感じられる」

「(ABCの)A評価があることで、『Aが多いほうがよい、昨年より多い少ない』などの話になってしまう」

「Aの基準が難しい」

香川小の通知表には成績のほか、出欠席数やクラスの係、クラブ活動などの記載欄があり、こうした欄をなくして記入やミスのチェックにかかる時間を減らそうという意見も出た。段階別評価をせず「所見のみでもいいのかな」という思い切った提案もあった。

一方、「なし」派からは、日常的な学習評価を充実させたり、面談を活用して保護者にわかりやすく伝えたりする形にしたいといった意見が挙がった。

「面談で伝える。作品・テスト・ノート等を見ながら、良いところ・課題を話す」

「紙ではなく、日々の授業の取り組みを三者面談で伝えていくのは良い方法だと思う」

「単元が終わって、テストをやった後に、テストと一緒に、この学習のできなかったところをお知らせするような一言をつけて渡す。（中略）単元が終わってすぐなので復習しやすいかも」

「日々の学習について、その都度、評価や様子を返していくほうが大事」

このほか教員からは、保護者との関係、中学校での評価との兼ね合いなど、さまざまな観点から必要性を指摘する意見も多く出た。

「親としては、形として必要」

「『あゆみ』は、たくさんの人が見る。面談だと1対1が多い」

「『あゆみ』の内容を面談で伝え、親が家族に伝えるのは難しいのでは」

「がんばりが整理され、可視化されることは、必要かつ基本的には大人になっても見ることができる大切な記録」

「中学校にいけば、はっきり評価は出てくる。小学校段階では、オブラートもいいけど、高学年からは、ある程度、成績は意識させたほうがいい」

原点に戻って考える

10月の時点では参加者の大部分は「たぶん『あり』になる」と考えていたはずだと山田は振り返る。実際、会議の名称は「あゆみ検討会」という穏当なものだった。その後も、数度にわたって学年や全体での会議が開かれた。

山田は、通知表をなくした場合に懸念される課題が出てくると、そのつど、課題を解消するアイデアや対応策を挙げた。例えば「中学受験をする子どもには通知表が必要なケースもあるのでは」という質問には「中学校側が求める内容の文書を別に作れば問題ない」と答えた。「ただ『不安だから』というだけの理由で『あり』の結論にならないよう、具体的な提案を心がけた」と話す。会議で配る資料には、前回までの会議で挙がった意見と、その意見に対する見解を細かく記した。「何のために通知表を出すのか、原点に戻って考えよう」と山田は説いた。

グループになって話し合うと、教員からは、子どものための学習評価にしていきたいという意見が多く挙がった。教員が「あゆみ」のためにかけている労力に見合う成果が得られているのか、という問題提起もされた。

「『あゆみ』が本当に子どものためになっているのか」

「教師として、子どもに直接関わることに力を注いでいく」

「日常的にほめることのほうが、子どもにとってよいという実感がある」

「苦労は、子どもに返る苦労にしていきたい」

「『あゆみ』がなくなったから、評価がなくなるわけではない」

「『あゆみ』がなくなったら、行事を調整できる。学校行事を精選したり、シフトチェンジしたりできる」

「『あゆみ』がなしになったら、子どもの実態に応じてやりたいことをやりたいようにできる」

「子どもの学習や生活が崩れるのは、教師のオーバーワークによるものが大きい。『あゆみ』をなしにすれば、本当に授業と子どものことに力を注げる」

「客観的」な評価への疑問

國分は話し合いの場では極力口を出さず、議論の行方を見守っていた。一方で、山田らとの雑談の中では、自らの問題意識をたびたび口にしていた。その一つは「評価は客観的であるべき」という固定観念への疑問だ。

客観的だと見なされるのに一番手っ取り早いのは、数値を使うことではないだろうか。とくに高い公平性が求められる入試では、ペーパーテストの結果こそが客観性の高い選抜手段だとして、広く用いられている。

そして近年、小学校の通知表にも「客観的な評価」という考え方をあてはめる動きが進んでいると國分は言う。大きな役割を果たしているのが、教材出版社が作成する市販テストだ。テストを子どもたちに解かせ、結果をパソコンに入力していくと、各設問の正解・不正解に応じて、指導要録や通知表の項目ごとの評価を簡単に出すことができる。

しかし、小学校で求められるのは、子どもの意欲を高めて力を伸ばすための評価であって、選抜のための評価ではないと國分は考える。それなのに「とくに若い先生には、子どもの様子ではなく、子どもが受けたテストの点を見て評価する傾向が感じられ、危惧している」と話す。通知表という文化は、その傾向を助長しているように思えた。

國分は三堀と同様、とくに小学校での評価は主観が大いに入っていいと言う。客観的な評価であろうとすると、テストに頼ることになり、結果として「できる」「できない」という子どもの序列をつくるのに教員が加担してしまう。「その子のどんないい面に目を向けていくかは、その年その年の担任によって違っていい」と強調する。

教師の専門性を生かす

主観といってももちろん、教師の好き嫌いで判断するという意味ではない。國分は「わたしたちはプロだから」と言う。プロとして子どもの様子を見守り、適切に評価していく力をもっているし、もつことが求められていると強調する。

ただ、日本で暮らす人々は大多数が小中学校での教育を受けている。それだけに、教育はほかの分野に比べてだれもが気軽に語りやすい。その気軽さが、教師の専門性を軽んじる一因になっていないかと國分は指摘する。

近年、子どもを育てるうえでは学校だけでなく、保護者や地域社会との適切な連携が必要だと強調されている。「チームとしての学校」という言葉もある。また、通知表はもともと保護者向けの文書という色彩が濃い。そういう意味では、通知表のあり方を考えるうえで、保護者の意見を聴くという選択肢は大いにありそうだ。

しかし、香川小ではあえて、教員のみで検討を進めた。保護者が自らの経験を元に「あり」「なし」を論じることはもちろんできただろう。しかし國分は、通知表については一義的に、プロである教員が専門性を生かし、その必要性を検討すべきものだと考えていた。國分が期待したとおり、香川小では教員全体で話し合いを重ねるにつれて、「あるべき評価とはどんなものか。そのために通知表は必要なのか」という根本的な問いに焦点が当たるようになってきた。

12月末の話し合いで山田は、そろそろ白黒を付けないと次の準備ができないとして、結論を出そうともちかけた。教員らが困惑の表情を浮かべるのを見て、それまで黙っていた國分は「このままだとしこりが残っちゃう。もう少し話し合おう」と提案した。山田は「トップダウンで決める、という感じではまったくなかった」と感謝する。

話し合いは年明け以降も続き、2020年1月の会議で廃止が決まった。意見を出し尽くしたうえでの決定だけに、あえて多数決は取らなかった。公立小として異例の取り組みがいよいよ始まろうとしていた。しかし、その道のりはやはり平たんなものではないと、國分らはすぐに痛感することになる。

3 廃止1年目の迷走

戸惑う保護者

2020年2月末、教育現場に激震が走った。年明けから世界中を覆いはじめた新型コロナウイルスの流行は、横浜港に入港したダイヤモンド・プリンセス号での集団感染を契機に、日本でも深刻な問題となりつつあった。そのタイミングで、感染拡大を防ぐためとして当時の安倍晋三首相が突如、一斉休校の方針を表明したのだ。

香川小でも影響は甚大だった。新たな年度が始まっても、4、5月は休校が続いた。当初、國分は通知表をなくした意図などを伝える保護者向けの説明会を早いうちに開こうと考えていたが、後回しにせざるを得なかった。これが「迷走」の始まりだった。

ようやく授業が再開した6月、國分は学校通信の「かおり通信」6月号で初めて、通知表の廃止を保護者に伝えることになった。以下、当時の文章を引用する。

２０２０年度　かおり通信６月号

今回は、大きな変更点として〝あゆみ〟についてお知らせいたします。一昨年度、昨年度２年かけて、２０２０年度に完全実施となる学習指導要領の改訂について話し合いをして準備してまいりました。その中で、学習評価を真に意味あるものとするための基本的な方向性が文科省より出されました。

①児童の学習改善につながるものにすること。
②教師の指導改善につながるものにしていくこと。
③これまで慣行として行われてきたことでも、必要性・妥当性が認められないものは見直していくこと。

これを受け香川小学校では、学期末に発行している〝あゆみ〟が、学期末や学年末などの事後での評価に終始してしまい、評価の結果が児童の具体的な学習改善につながっていないのではないか？等話し合った結果、保護者のみなさんへの通知の方法を〝あゆみ〟ではなく〝個人面談〟に変更することを決定しました。昨年度までも個人面談は開催していましたが、今年度は、7月15日～31日と2月8日～26日の期間に個人面談を設定し、2回とも全員を対象に行います。個人面談の詳細は、後日、担任よりお知らせいたします。

新しい試みとなります。ご理解ご協力をお願いいたします。

○香川小学校　学習評価のビジョン

(1) 子どもが、自分のがんばりを実感する。

「できる・できない」よりも、困難なことでも最後まで粘り強く学習に取り組んだり、自分から調べて役に立つことをおもしろいと感じたりする中で、もっとやろうという意欲を持って、学習を自己調整することを大切にする（学びに向かう力、主体的に学習に取り組む態度）。

(2) 教師が、子どものがんばりを認め、励ます。

ペーパーテストのみならず、授業中の発言や子どもの記述、作品や制作過程等、具体的な内容をその都度評価して、声かけやコメント等で子どもに還元していく。合わせて、その形成的評価を個人面談等の機会を活用して、保護者に伝えていく。

(3) 保護者が子どもの具体的ながんばりを認め、ほめる。

結果の通知ではなく、日常的に取り組んでいる具体的な子どもの成果物に基づいて伝えることで、子どものがんばりを把握しやすくなる。

6月号の末尾では、コロナ禍を念頭に、説明会が開けないことをわびる一文を添えたうえで、質問がある保護者向けに記入欄を設けた。保護者にとっては、ずいぶん唐突な発表に思えたのだろうか。20〜30通ほどの意見が届いた。児童数1000人を超える学校として多いとまではいえないが、その多くは「『あゆみ』の代わりのものはないのか」といった意見だった。國分は保護者の声に押される形で、一転して説明会の開催を決める。開催を前に、7月号を2回にわたって発行し、説明に努めた。

2020年度　かおり通信7月号

〝あゆみ〟について

前号のかおり通信でお知らせし、質問を承りました。ありがとうございました。香川小学校としましては、学習評価について論議されてきたことを知らせ、新しい評価の視点、新しい学校の姿、香川小学校の学校教育目標を具現化するため等どのように変更していくのか説明し、保護者の皆さまとこの新しい取組を前進させるため、年度当初から説明する機会を設ける予定でした。しかし、それを行うことができず、前号によるお知らせが、皆さまの知るはじめてとなってしまい、申し訳ありませんでした。

前号では、香川小の学習評価ビジョン、新学習指導要領の3観点の評価内容と評価方法をお示ししました。本号では、どのような論議がされてきたか概要をお示ししたいと思います。

新学習指導要領の検討

２０２０年度から小学校新学習指導要領完全実施となることを受け、どのように変容するのか？　学校の姿、授業の様子がどう変わっていくべきなのか。学習と研究を重ねてきました。

今回の指導要領の方向性は、新しい時代に必要な資質・能力の育成と学習評価の充実とされています。学校教育を通して育成を目指す資質・能力を「知識及び技能」「思考力、判断力、表現力等」「学びに向かう力、人間性等」に整理し、それらがバランスよく育まれるよう改善し、『主体的・対話的で深い学び』の実現に向けた授業改善を推進するとなりました。

そこで、香川小学校では『主体的・対話的で深い学び』の実現のためにわたしたちの今を見つめ直し、どのような改善をしていくのか。校内研究、学年研究、教材研究を通して論議してきました。

そこで、「指導と評価の一体化」ということは、以前から言われていたことですが、ここであらためて新学習指導要領の3観点の評価について共有し、授業改善につなげるよう、評価内容と評価方法を確認しました。その内容は前号でお知らせしたものです。

学習評価の改善

次に、授業とともに学習評価を改善して、児童の学習改善につながるために何を大切にして、どう取り組むかを考えました。児童一人一人を理解し、把握することが大切なことは変わりませんが、毎日の授業の中や各教科の単元の中で、子どもを認め、励まし、助言をすることで、児童の学習改善につなげたい。日々の声かけ、アドバイス、プリントやノート類へのコメント等児童との関わりの中で日々の実践を今まで以上に大切にしていく。その中で児童が自らの学習状況を把握し、自らの学習を調整しようとする力も身に付けてほしい。つまり、日々の評価を児童に伝えることを大切にし、児童が意欲を持って学習に取り組めるようにすることで児童の学習改善につなげる。

わたしたちはそこに力を注ぎ実践していくこと。それが現在の香川小学校に必要なことだと考えました。

現在の通知表〝あゆみ〟

そこで現在、大きな労力を使い学期末に結果を通知している〝あゆみ〟が、多くの児童の学習改善にはつながっていないという実感を持っていたわたしたちは、保護者とともに児童の資質・能力を育むため、どのように児童と保護者に伝えていくことが、児童にとって有意義なのかを考えました。全職員が一致していたのは、「子どもにとってプラスとなる評価を子どもと保護者に伝えていきたい」ということでした。現状での〝あゆみ〟が、プラスに働き、学習改善につながっている児童もいますが、そうではない児童もいます。児童の間では、〝あゆみ〟で表現されている○の位置が、その児童の全てであるかのように判断されてしまう。また、しっかりと内容を把握し、自己分析ができている児童もいますが、○の位置と数だけを気にして、成績が上がったとか下がったとかの判断をしてしまう児童もいます。

わたしたち教員も各観点に付けられている一つの「○」に半年間の様々な結果や努力を総括して知らせていくことが、児童の学習改善、学習意欲の向上につながっていくのか疑問がありました。〝あゆみ〟を作成するにも現状の4観点の内容を3観点に変更し、今までと同じようにお知らせしていくのでは、効果的ではない。ならばより良い手だてはないものか、という議論の結果、香川小学校は以下の2点を確認し、2020年度から新しい学校の姿、日常の学習評価を大切にした学校を模索することとしました。

〇子どもの励みとなる学習評価を目指して実践する。

・指導と評価の一体化（日常の評価）。
・ポートフォリオを活用した成果物の蓄積。
・キャリアパスポートの趣旨を各教科にも応用した自己評価の充実。　等

〇日常的に子どもの学びと育ちを保護者に伝える工夫をしていく。

・学習プリント、ノート、習熟ドリル、テスト等全てが学習評価の一つとして扱う。
・結果の報告となっている〝あゆみ〟に代わる伝え方として、資料（児童の成果物等）を活用した個人面談を行っていく。
・学期終了時には、自己評価による振り返り書をつくり、担任・保護者がサポートする。
等

2020年度　かおり通信7月号その2

香川小学校が目指す実践

香川小学校では、〝あゆみ〟という形ではない方法で、評価を子どもと保護者に伝えていくことにしました。前々号で〝あゆみ〟が面談のみになってしまうような伝え方をしてしまいました。学校通信を作成している校長として反省しております。

前号でわたしたちの議論の概要をお知らせしました。わたしたちが目指す学習評価の実践は、

①2020年度新学習指導要領が実施される中、授業改革に取り組み、子どもの励みとなる日常の学習評価を大切にした学校を目指し実践をしていくこと

②日常的に子どもの学びと育ちを保護者に伝え、子どもたちの学習改善や学習意欲につながる工夫をし、実践を積み上げていくことで新しい学校の姿を模索していくことの2点です。

では、どのような実践に取り組んでいくのか。いただいた質問の答えも含め、現在考えている香川小の取り組みを具体的にお示しします。質問で一番多かったものは、「書面として残るものはないのですか」「面談だけで、終わりですか」「成長の記録とし

ての書面はないのでしょうか」等でした。

わたしたちのこれからの実践

この取組を保護者の皆さんと一緒に前進させるためにわたしたちは、例えば、子どもの取り組んだ軌跡や成果物をポートフォリオの手法を活用して蓄積し自身の変化を確認したり、単元終了時にご家庭にその評価をお知らせしたり、子どもたちの振り返りを大切にしたノートや学習プリントにコメントを入れることなどに取り組んでいきます。他にも日常の評価を子どもや保護者の皆さんにお伝えする手段はあると考えています。それらを今後も担任・学年・学校として工夫し、考え取り組んでいきます。

また、学期の終了時には、子どもの自己評価を中心とした振り返り書を作成します。なぜ自己評価を大切にするのか。それは、香川小学校の学校教育目標である「自分らしさを大切にし、互いに認め合える子どもの育成」（自律と共生）を目指すためです。自分らしさを大切にするには、子どもたちが自分自身を見つめ自己評価ができるようになり、自己肯定感を育むことが大切だと考えるからです。この振り返り書を子どもの歩みとして取り組んでいきます。

伝え方の一つの手段として「面談」を活用していきます。面談では、香川小の学習ビジョンにお示ししたように、子どもの具体的ながんばりを学校・家庭が共有し、子どもの学習改善・意欲に結びつくように、一人一人の子どもを認め、ほめていくことで、子どもの成長を育んでいきたいと考えています。

保護者の皆さんには、様々な取り組みを子どもの成長の記録として受け止めて頂きたいと考えています。

今回の改革は、日々の評価を子どもに伝え、子どもたちが意欲を持って学習に取り組み、自己の学習改善につなげることを目標としています。授業改善、意識改革、評価の伝え方等、より良く進んでいけるよう香川小学校は取り組んでまいります。

文章では、保護者を戸惑わせたとして謝罪したうえで、通知表をやめた理由や話し合いの経緯を詳しく記した。丁寧に伝えようとする思いは感じられるが、仮に一保護者としてこうした文書を受け取ったとして、はたして十分に理解できるだろうか。「学習指導要領」「資質・能力」「主体的・対話的で深い学び」「指導と評価の一体化」「ポートフォリオ」……。専門用語の多さに圧倒され、内容が頭に入ってこない保護者も少なくなかったのではと推察される。

7月13日、平日の午後3時から体育館で開いた説明会には、50人弱の保護者が集まった。コロナ対策で、学校側は校長の國分と、議論を取りまとめてきた教員の山田だけ。保護者は収納場所からパイプいすを自分で取り、ほかの保護者と距離をとって座った。

いつもよりだだっ広く見える体育館で、國分はあらためて、通知表をなくした理由を説明した。質問の時間になると、ぱらぱらと手が挙がった。「校長の言いたいことはわかるが、やっぱり、『あゆみ』の代わりになるものがほしい」という意見が多かった。

ほとんどの保護者は、絶対評価ではなく相対評価による通知表が当たり前の世代。相対評価を前提にした「クラスの中でわが子はどれくらいの位置にいるのかがわからない」といった質問も出た。相対評価から絶対評価に変わってほぼ20年。國分は、絶対評価という考え方自体はある程度浸透していると考えていたが、見通しの甘さを痛感した。

大声で批判されることこそなかったものの、保護者からは、通知表がなくなったことに戸惑う意見ばかりが続いた。約1時間半が過ぎ、最後の方、と伝えたところで手を挙げた保護者がいた。「本当に『あゆみ』が必要なのか、親としても吟味が必要じゃないでしょうか」。学校の取り組みにエールを送る内容に、会場の空気がふっと和らいだのが、國分の救いだった。

どうしたら保護者に納得してもらえるのか。國分らは慌てて検討し、「かおり通信7月号」

でも記したように、通知表の代替物として「子どもの自己評価を中心とした振り返り書」を作ると約束した。

通知表に代わる自己評価

國分は振り返り書について、書式などを学校全体で定めず、各学年で検討するよう教員に頼んだ。香川小は2学期制（前後期制）を取っていたため、振り返り書を渡すのはこれまでの「あゆみ」と同様、前期と後期の終わりとした。夏休み期間を利用し、各学年で準備が急ピッチで進められた。

完成した振り返り書は、サイズこそA３で統一したが、内容は学年ごとに大きく異なるものとなった。

1年生のものはほぼひらがなだけで教科や単元名が記され、「たのしかったもの」に丸を付け、その理由を書かせた。「やすみじかんにだれとあそんでいますか」「やすみじかんにどんなあそびをしていますか」「これまでのがっこうでいちばんたのしかったことはなんですか」といった自由記述欄も設け、教員からのコメント欄も付けた。

2年生の特徴は全教科の内容から「がんばった・楽しかったベスト3」を選び、その理由を書く形式にしたこと。学校生活や学習面での行動や態度について3段階で「★」を付ける内容に半ページを割き、「ていねいなことばづかいをしていますか」「先生や友だちの話をしっかりときいていますか」といった項目を並べた。

3年生は各教科にいくつかの評価項目を設け、「よくできた　◎」「まぁまぁできた　○」「もう少し　△」の3段階で印を付ける形をとった。見かけ上はこれまでの「あゆみ」と一番近いが、評価項目は「あゆみ」と比べて具体的な内容になっている。例えば社会は「見つけたものや気がついたことをメモしながら、学区たんけんができた」「学区たんけんをして、北・東・西コースのちがいを考えてまとめた」「方位や地図記号がわかるようになった」「写真や地図やし料を見て、茅ヶ崎市について調べることができた」の4項目だ。

4年生は用紙にこんな文章を付けた。「学習は（中略）最終的には、自分一人ででもできるようにならなくてはならないものです。そのためには、自分で『自らを評価して、自ら課題を見つけ、自ら次に進む』力を身につけていきましょう。この『自己評価』は、そのような力を身につけるものです」。また、記入欄は教科の枠を超えて「主体的に学習に取り組む」「知る・わかる・使える」「考える・判断する・表現する」の3項目について3段階評価し、それぞれ理由を記す形とした。

5年生は、教科ごとに「知識・技能」「考え・表現」「興味・努力」の3項目について「がんばったこと」「これから努力したいこと」を短文で記す形式。シンプルだがA3いっぱ

児童氏名		
	がんばったこと	これから努力したいこと
国語	【知識・技能】	
	【考え・表現】	
	【興味・努力】	
先生から		
	がんばったこと	これから努力したいこと
算数	【知識・技能】	
	【考え・表現】	
	【興味・努力】	
先生から		
	がんばったこと	これから努力したいこと

学年で工夫を凝らした自己評価（振り返り書・5年、一部）

いに記入欄があり、教員の記入欄も各教科に設けた。

6年生は学習面、生活面、家庭・地域、習い事・資格の4項目についてそれぞれがんばったことを自由記述で振り返る。「来学期の自分へのメッセージ」の記入欄も設けた。

本末転倒

「たぶん、これはうまくいっていないなと」

2020年11月の放課後、6年生の担任、廣瀬城太教諭が口にした言葉には実感がこもっていた。

通知表をなくしてからの半年間、香川小の教員は、國分が「かおり通信」の中で宣言したとおり、「子どもの励みとなる評価」

を学校生活の中にどう組み込んでいくか、そして子どもの様子をどうやって保護者に伝えていくか、学年ごとに模索を続けていた。

この日は、各学年の評価担当の教員らが集まった。廣瀬は、6年生の半年間の取り組みについて、算数の「文字と式」の単元を例に挙げて説明した。

単元の開始時点で、子どもたちが数式についてどんな理解をしているか、そして、「x」や「y」といった文字を使った数式を学習した後でどんなことができるようになったか、これらを1枚の用紙にそのつど記載させた。子どもたちが自分の成長を一目で振り返られるようにするためだ。単元が終わると、廣瀬らは1枚1枚にコメントを付けた。例えば、授業中に光る発言があった子には、そのことに触れてほめるといった具合だ。子どもたちには、用紙を自宅に持ち帰って、「こんなことができるようになったよ」と保護者に説明してね、と伝えた。

こうした取り組みを、6年生は各教科で単元ごとに行ったという。その結果はどうだったか。『『あゆみ』がないから別の何かを、ということでやってみたけれど……大変ですね」と廣瀬。子どもの評価にかける時間が大きく増えてしまい、例年なら授業の準備に費やしてきたはずの時間を犠牲にせざるを得なくなっているという。

「これって本末転倒ですよね。………ちょっと、迷走しています」。思わず苦笑した廣瀬につられるように、教員らも笑った。その笑いには、「自分たちも同じ悩みを抱えている」という共感のニュアンスが込められているように聞こえた。

再び、原点へ

「あゆみ」の代わりに急きょ「振り返り書」を活用した、そちらの結果はどうだったのだろうか。翌12月、後期が始まって初めて、全教員による意見交換会が開かれた。異なる学年の教員で数グループを作り、それぞれが意見を出し合った。山田の司会で、グループごとに出た話を発表していくと、一筋縄ではいかない現状が浮かんできた。

意見が集中したのは、子どもに振り返りをさせることの難しさだった。「文章力がある子はいい内容を書けても、苦手な子には苦しかったのではないか」という指摘が出た。高学年を中心に、自分のできていない面と向き合わせる項目が多く設けられていたが、ある男性教員は、レベルが高すぎる要求をしていないかと疑問を口にした。「自分の嫌なところをさらけ出し、振り返って、改善していく。それって、大人でも難しいのでは。自分もできているかというと、ほぼ、というか100%できていない」。熱を込めるあまり、自身の家庭内の家事分担について振り返りを始め、同僚からツッコミが入る場面もあった。

あるグループは「低学年は自分ががんばったことやできたことを振り返ればいいが、高学年になると、できたことだけじゃなくて、あと一歩のところも伝えたほうがいいんじゃないか。でも、伝え方が難しい」と悩みを口にした。別のグループからは「もうちょっとここをがんばったらいいのに、というところが、うまく保護者に伝わった学年もあれば、伝わらない学年もあった」「子どもたちが自分の評価をすることで、伸びているのかどうかわからない」という意見が出た。

子どもの学びについて、「あゆみ」以外の形で保護者にどう伝えたらいいのか模索しているが、結局あまり伝わっていないという課題を挙げたグループもあった。面談の際などに、保護者から「うちの子はクラスでどのくらいの順位なんですか」と質問されたケースが少数ながらあったことも報告された。

ひととおり発表が終わると、司会の山田は三堀に意見を求めた。「手を挙げてないよ」と三堀。「言いたそうだった」と山田が返すと、三堀は「いっぱいあるわよ」と笑いながら立ち上がった。

「そもそも振り返りをさせることにどんな価値があり、意味があるのか。学習の細かいことを振り返らせるのか、それとも楽しかったことや良かったことを出させるのか。それらについて、みなさんで話し合っていないと思うんですね」。学期の途中、急きょ振り返り書を出すと方針転換した國分にとっては、耳の痛い言葉だ。

そして、「あゆみ」の「復活」に強い警戒感をにじませた。「振り返りについて考えるとき、保護者のことを意識しすぎると、結局『あゆみ』と同じことになってしまう。そうなると、そもそも『あゆみ』をなくす意味があったのか、ということになりかねない」「年度の終わりになって、何が駄目だったとか、これの努力が足りなかったとか、そんなことを振り返らせるのは本末転倒で、時間の無駄」

三堀の遠慮ない指摘に山田は苦笑いを浮かべ、すっと真面目な顔に戻って言った。「保護者の理解というものは不可欠だけど、二義的なものだと思う。一義的には、やっぱり子どもたちのためになる評価をするのが大事。そのことはみんなで共有したほうがいい」

1時間ほどの意見交換会の間、黙って話を聞いていた國分は最後に口を開いた。「振り返りや自己評価については、わたしのほうからやってほしいと言いました。でも学校で統一しなかったのは、模索中だからいろんな形があっていいという思いがありました。今話し合って、あまり意味がないんじゃないのって思えば、後期は、出さない学年があってもいい」。振り返り書がうまく機能していないとみて、発行自体の見直しも含めた軌道修正を提案した。

一方で、通知表をなくした原点にあらためて言及した。「『あゆみ』のせいで、諦めちゃう子とか、意欲がなくなっちゃう子をなくしたい、打ちのめされる子を減らしたいという思いが最初にあったでしょ」。その言葉に、多くの教員がうなずく。「(『あゆみ』をなくしたのは)大きなチャレンジだと思っているし、10年後、20年後に世の中を変えていくかもしれない。その始まりだと思っている」。状況を一変させる妙手が見当たらない中でも、穏やかな口調で、あえて大きな目標を口にした。

分かれる保護者の意見

年が明けた2021年1月、國分は保護者を対象に、「あゆみ」を廃止して日常の評価を重視する方針に切り替えたことに関する記述式のアンケートを出した。すると、92通の意見が返ってきた。代表的な意見は次のとおりだ。

「『あゆみ』がないことに対して、わが家は賛成です。テストや宿題、個人面談などで、子どもが得意なこと、不得意なことはわかります。先生方は日々声がけや、ノートや宿題にコメントを書いてくださり、たくさんの子どもがいる中ですごく丁寧にみてくださっていて頭が下がります」

「先生のコメント、評価でよりいっそうわが子の学校生活が伝わっているような気がしました」

「わたし自身、3段階評価をどのように受け取り子どもの成長に生かしていくのか、難しいところだと思っていた。(振り返り書を)子どもと開いてみたときは、日常評価や子どもの様子をわかりやすく知ることができてうれしかったです」

「小テストなどで先生からコメントをいただく度に励みとなり、家庭でも子どもへの声かけの良きアドバイスとなっています。先生方の負担とならない範囲で続けていただけたらと思います」

「なくなることを聞いたときは驚きましたが、テストファイルで子どもの成績がわかり、苦手分野を本人が分析できるのはよかったと思います」

「通知表だと、子ども自身何をがんばってきたのかがわかりづらかったので、日常評価はとてもよいと思います。小学生のうちから通知表だけで評価というのは窮屈な気がする」

「今の方式に賛成します。期末一括評価だとその子の目立つ部分のみに着目してしまい、子どものいろいろな側面を見落とす、あるいは評価しきれないように思うためです。先生方のご負担はどちらが大きいのでしょうか。働き方改革も叫ばれており、負担の少ない方式はどれかも合わせて決めていってください」

「『あゆみ』がなくなったことにより、本人がどのように目標を達成していったのか、どのように取り組んでどんな感想をもったのかに目を向けることができた」

「数字だけでは評価されない、個々の細かい部分まで見ていただけていると感じています。ただ、評価の対象が本人の良い面が多く、本人の苦手とすることやフォローしていくことがわかりにくく感じます」

「娘の場合は、『あゆみ』の内容を励みにしていた部分があったので少し残念がっていました。親としては、子どもの『できないところ』につい目がいってしまうので、『良いところ、がんばったところ』を見てあげようという考えはとても良いと思いました」

「『あゆみ』がなくなったことで本人の学習の意識が落ちていることを感じています」

「低学年のうちは通知表ではなく日常評価を大切にする方法は良いと思いますが、高学年では数値として評価することも必要なのかな、と少し思います。中高に進学すると、評価されるということは当たり前にあるからです。もっと言うと、大人になっても評価というものはつきものだからです。少なくとも5、6年生は『あゆみ』をうまく使用し、評価されることに子どもたちが慣れる期間が必要であると考えます」

「本人の振り返りだけでは日々の進捗や客観的な評価が伝わってきませんでした」

「今の書面では子どもの学校生活について伝わってきません。自己評価は、評価が妥当なのか正直心配です。担任の先生に評価していただきたいです。今の書面では、『あゆみ』の時のように子どもの学校生活を汲み取ることができません」

「『あゆみ』はあったほうがいいです。親子共々楽しみにしていました。国語や算数のようにテストがあるものはわかりやすいですが、音楽や体育などの評価はわかりにくいです。『「あゆみ」がないなら別にいいや』と思う子もいると思います」

「『あゆみ』がなくなったことに関しては、良いのか悪いのかあいまいな印象を受けました。学力について大丈夫なのか、どの程度理解してついていけているのか、結局よくわからず、少し子どもの学力に不安を感じるところがありました」

「子どもが学校で学び、何がどの程度理解できているのかわかりません。もしなくすのであれば、日々の評価をもっと目で見てわかるような形で保護者に伝えていただけることを望みます」

「自己肯定をもてる子と言われても、この先ずっと競争です。中学、高校、大学、就職、就職してからも部内コンペ、社内コンペ、他社とのコンペに勝ってからの商品化です。中学校の成績表は細かいです。自分でできているつもりでもできていない子もたくさんいます。中学に入ってショックを受けては遅いです。自分がどの程度のところにいるのか親も子も知っておくべきだと思います。塾に行っている子は模試などでわかるでしょう。学校が塾を推奨しているように感じられます」

「『あゆみ』である程度のレベルを認識してきたわたしどもにとっては、やはり物足りなさを感じてしまいます。子ども自身も、自分のがんばりを実際の評価として見られないのはもどかしいようで、はっきり知りたいようです」

「子ども主体の評価がなかなか自分本位なので、信用性に欠けているかなと……。もう少し苦手な部分など書いていただけたらと思いました。その一方、実際に評価の仕方が変わり、先生はどのように感じているかも知りたいです。改善点を先生と保護者で出し合っていくのも大切かと……」

國分は、寄せられた意見のうち、保護者の名前が記されていたものすべてに返信した。学校通信「かおり通信」では、92件の意見のうち、肯定的なものが38件、否定的なものが48件、その他が6件だったと明らかにして、次のように記した。「香川小学校は、学期末に総括的な観点別で表現したあゆみより、保護者への伝え方として個人面談を主とし、子どもへの普段の言葉かけ、ノートやプリントへのコメント、自分の振り返りを大切にした評価をご家庭とも共有し取り組んでいくことが、子どもたちの自己肯定感を育み、成績のための学習ではなく、自分の力を高める学習につながると考え、今年度取り組みを始めました。様々なご意見がありますが、来年度も検討を重ねながら改革に取り組んでいきます」

國分に対して意見を寄せたのは、保護者ばかりではなかった。

國分は来客があるとき以外は原則として、校長室を子どもたちに開放している。部屋の棚には児童書が並び、ブロック玩具やパズル、将棋、リバーシのような遊び道具も備える。いろいろな理由から、教室で授業が受けられない子どもたちの、避難所のような役割も果たしているという。「以前から、校長室を遊び場にしたいと思っていたんだよね」とは國分の弁だ。

校長室に遊びに来た中には、國分に「『あゆみ』を復活してほしい」と訴える子もいた。だいたいが高学年だ。理由を聴くと「ほめられるためにがんばってきたのに」とのこと。復活を求めるのはいずれも勉強が得意な子どもたちだった。

一方、なくなったことを喜ぶような声は、子どもたちからとくに聞こえてこなかった。それでも、國分の思いは揺らいでいなかった。「5年後、10年後に子どもがどう変わったかが見たい」。子どもが自覚していないとしても、続けることできっと変化が現れるはず。そんなふうに考えていた。

学年末を迎えた香川小。前期に波紋を呼んだ振り返り書の作成は、多少の簡略化はありつつも、すべての学年で再び実施した。しかし、多くの教員にとって、負荷の高さに見合う意味は感じられなかったようだ。次年度に引き継がれることはなかった。

終業式に向け、國分はサインペンを手に取った。前年度までの通知表の裏表紙には、1

年間学んだことをたたえる「修了証」が印刷されていた。通知表がなくなった代わりに、この修了証だけを印刷して子どもたちに渡そうと考えたのだ。「何か形に残るものがほしい」という保護者の声に、少しでも応えようという思いからだった。

卒業証書を受け取る6年生をのぞいた約800人の名前を、1枚1枚に手書きした。「3、4日かかったけど、通知表を出していた頃は、すべての中身をチェックして印鑑を押していた。それに比べると楽なもんですよ」。一人一人の顔を思い浮かべながら書くのは、楽しさもあった。「ありがとう」と言いに来てくれる低学年の子もいた。

1年間、新型コロナウイルス禍でさまざまな行事が中止となり、とくに小学校最後の年の6年生にはつらい1年を過ごさせてしまった。さらには通知表が最後の年だけなくなったことで、戸惑った子もいただろう。卒業式では、そんな子どもたちの前でギターを手に取り、竹内まりや「いのちの歌」を歌った。

「卒業式の校長の話なんて、大人になったらだれも覚えていないじゃないですか」と國分。でも、歌だったらもしかしたら印象に残って、何かのときにその日のことを思い出すかもしれない。式典の後、一張羅に身を包んだ子どもたちが「本当にやるとは思わなかった」「なんだかんだ、校長、歌うまいじゃん」と喜んで声を掛けてくれたのは、國分にとって何よりの評価だった。

4 廃止2年目の手応え

あと2年で軌道に

2021年度が始まり、通知表廃止は2年目を迎えた。香川小校長として4年目に入った國分は内心ほっとしていた。茅ヶ崎市の小学校では、校長は一つの学校に在籍する年数は3年程度のことが多い。さらに、國分は2022年度いっぱいで定年を迎える。定年まであと2年というこのタイミングで、茅ヶ崎市内のほかの小学校に異動を命じられる可能性は少なからずあった。

「もし、市教委がこの改革をつぶしたいと考えているなら、異動もあるかもね」。2020年度中、國分は冗談とも本気ともつかない表情で、そんなふうに話していた。

國分は常々、「校長のリーダーシップだけで進めた物事は、長続きしないことが多い。この改革は、そうならないようにしたい」と語ってきた。だからこそ、教員同士が時間をかけて話し合い、通知表廃止の機運が高まるのを辛抱強く待ち続けてきた。しかし、廃止初年度は必ずしも手応えを得られたわけではなかった。ここで自分がいなくなれば、教員は動揺し、改革は頓挫する可能性が高いだろう。そう懸念していた。

無事に4年目に入ったことで、國分が定年まで香川小の校長を務める可能性は大きく高まった。最後の1年だけ別の学校に異動させるという人事は考えにくいためだ。あと2年で、この改革を軌道に乗せる。國分の思いは一層強まった。

國分は香川小にとどまれた一方、教員の異動は避けられなかった。公立校で改革を行う難しさの一つはここにある。異動がない私立校なら、同じメンバーでじっくりと話し合い、目標を共有し、実践を深めていくことができる。私学が独自性を打ち出しやすい大きな理由だろう。しかし、毎年一定数が異動する公立校ではそうはいかない。

國分によると、茅ヶ崎市では異動先の希望を出せる仕組みがあり、まったく希望しない学校に異動させられることはまれだという。香川小が通知表をなくしたことは、市内の教員にはすでに知れ渡っていた。通知表は絶対に必要だと考えている教員は、わざわざ香川小を選ぶはずはない。とはいえ、新たに香川小に赴任した教員は、もとからいた教員のように、通知表をなくす意味について突き詰めて考えた経験はないだろう。

國分にとって幸いなことに、山田や三堀をはじめ、改革を引っ張ってきた教員の多くは、2021年度も香川小に残った。山田が中心となって、新たに赴任した教員に対し、通知表に頼らない評価をなぜ進めているのか、どのような実践をしてきたのかを伝える時間を取った。十分ではないにせよ、大事な機会となった。

異動はマイナス面ばかりではない。異なる経験を積んできた教員のアイデアが、組織を活性化させることもある。さらに國分は、新たな発想を生み出すため、教員の配置も工夫した。1学年を構成するメンバーが、前年度となるべく重ならないようにしたのだ。異なる学年を担当した教員同士が新たに出会うことによって、これまでの取り組みにとらわれず、よりよい評価のあり方を検討し、実践してほしい。そんな意図を込めていた。

手応えを感じた運動会

通知表をなくすことで、子どもたちはどのように変わるのか。多くの人にとって、もっとも関心が高いことだろうが、この時点では、目に見える変化は現れていなかった。それでも、教員は変わってきていた。1年目の試行錯誤を経て、無理をしない範囲で子どもたちの変化を見取り、伝えていこうという思いが共有されつつあった。子どもたちがお互いをむやみに比べることがないよう、これまでの学校の常識を問い直す取り組みが広がってきた。

2021年10月の運動会は、その象徴ともいえるものだった。香川小ではこれまで、各学年のクラス数にかかわらず、クラスの子どもたちを紅白半分に分けていた。団体種目は、さらにそれを紅2チーム、白2チームに分け、4チームの紅白対抗で点数を競ってきた。しかし、新型コロナウイルスの影響でコンパクトな大会にすることにしたため種目数が減り、紅白で点数を競う形式は見送られた。団体競技はクラス単位で行う形に変わった。

山田はこの年、4年生の担任だった。4年生の団体競技は「台風の目」。長い棒を数人で持って走り、コーンの周りを回って戻るリレーだ。この年の夏休み期間中、山田は4年の同僚と運動会について話し合った際、「順位を付ける意味はあるだろうか」と問題提起した。順位に応じて点数を付けないのだから、順位自体にフォーカスする必要もないのでは……。山田の意見はすんなり受け入れられ、4年生では各クラスが「本番で練習よりタイムを縮める」ことを目標にしようと決めた。

本番に向け、子どもたちは体育の授業で練習を重ねた。山田のクラスでは、集中力の問題なのか、当初出したタイムをなかなか超えられない日々が続いた。子どもたちは「走る順番を変えてみたらどうか」などと知恵を出し合い、試行錯誤を繰り返した。

当日、5クラスが一斉に走り、順位は付いた。例年なら、順位が発表されると1位のクラスは大喜びするが、3位、4位となると冷めたようなリアクションにとどまっていた。

しかし、この日は違った。子どもたちは順位より、何秒で走り切れたかに注目していた。「5秒くらいは縮まったんじゃない?」。ワクワクとドキドキが入り交じった、そんな声が漏れていた。

1組から順に、担任がタイムを発表した。食い入るように見つめていた子どもたちからは、そのたびに大歓声が上がった。立ち上がって仲間とハイタッチしたり、「すごい！」とたたえ合ったり。5クラスすべてが記録を更新していた。最下位だったクラスの子どもも「自己ベストが出たよ」と大喜びで本部席の校長に報告に行った。

3年生も、クラス全員によるリレーで、練習のタイムを上回ることを目標に掲げた。こちらも、全5クラスが本番で自分たちの記録を更新し、子どもたちは晴れやかな表情を浮かべた。

「子どもたちの意欲や行動力はすごかった。他人と比較するのではなく、自分たちの内側に基準を設定し、乗り越えていく。こんな運動会はこれまでになかった」。当日のことを振り返る山田の表情は明るかった。運動会の後、3、4年生の取り組みは、おおむね例年通りの競技を行った他学年の教員からも高く評価され、「運動会そのものの作り方を変えていこう」と盛り上がった。

山田は香川小に赴任してまもない頃、全員リレーについて、学年の担当教員の中で見直しを提案したことがある。その際は賛同を得ることができず、長年の慣習を覆す難しさを感じたものだった。それが今回、新型コロナウイルス禍という思わぬ事態があったにせよ、運動会は順位を付けるものだという常識を変えられた。山田は、通知表廃止と、通知表に頼らない評価のあり方について教員が話し合いを積み重ねてきたことが土台になっていると、確かな手応えを感じた。

テストの点数を付けるのをやめる

２０２１年12月の校内研修会。前年とは打って変わって、一定の手応えや前向きな課題を話す教員の姿が目立った。

小グループに分かれた話し合いの場で、２年の教員は、子どものテストをファイルにして、保護者に励ましのコメントを書いてもらう取り組みがうまくいっていると報告した。子どもの学習に普段から関心をもってほしいという願いで始めたところ、スペースいっぱいに記入する保護者も少なくないという。

テストに限らず、提出物や作品も含めてファイリングする取り組みは多くの教員の間で広がってきていた。体育や音楽で行う実技の様子を動画で撮影し、グーグルクラスルームにアップするといった実践も出てきた。

５年の教員は、テスト用紙に点数を記すのをやめたと語った。多くの学校では１００点満点で点数を付けることが当たり前のように思われている。とくに通知表を付けるうえで、点数は「客観的」な指標だとして大いに役立てられてきた。だが、学校におけるテストは、選抜のために行うわけではない。本来の目的は、理解していない問題やミスしがちな問題を把握して、次の学習につなげることだ。点数が記されていると、そこだけに目が向けられてしまいがちなうえ、子ども同士の序列化も助長してしまう。点数をなくしたのは、そうした問題意識からの取り組みだ。

同じグループで話を聞いていた三堀は「点を書かないのはチャレンジだね。なにかしらのメッセージを伝えられるんじゃないかな」と評価し、励ました。5年の教員はうなずきつつ、悩みも口にした。「子どもからは『なんで点数書かないの？ わかりづらいじゃん』って言われたりもするんですよね」。教員や保護者はもちろん、子どもたちにとっても、これまでの「当たり前」が変わることには戸惑いが大きいとみえる。

山田はテストに点数を記さない取り組みについて、通知表がなくなったからできたことだと説明する。通知表があった頃は、一つ一つの評価に対する「根拠」を普段から示す必要があるとの意識が働いていたという。山田自身も点数付けをやめた。「入試なら話は別だが、普段のテストで『この問題は5点の配点』『あの問題は10点』ということに何の意味もない」。これもまた、学校の常識の問い直しだった。

ただし、テスト用紙に点数を記さなくなった教員も、手元に点数を控えてはいるらしい。

通知表がなくなっても、子どもの学習や健康の状況を記録する公的書類として作成が義務付けられている「指導要録」には、これまでと同じく教科ごとに観点別の3段階評価を付けなければならないためだ。

だとすると、教員の負担は大して変わらないのでは……。そんな疑問も湧いてくるが、前述したように指導要録の評価に関わる作成は年度末の1回のみ。通常は保護者や子どもの目に触れることはなく、通知表とはその性質も、作成にかかる負荷も大きく異なる。もちろん、指導要録の作成に手を抜いているということではない。それでも、作成や内容のチェックのため何十時間もかけていた通知表がなくなり、時間的なゆとりが生まれたことは確かだという。

近年、教員の繁忙さが社会に広く知られるようになった。公立小中学校を対象に文科省が実施した2016年度の教員勤務実態調査によると、「過労死ライン」を上回る月80時間超の時間外労働をしている小学校教諭は3割強に上る。

そこで、文科省の諮問機関である中央教育審議会は、労働時間を短縮するために学校現場でできる工夫の具体例をいくつも示したが、その一つに、指導要録の簡素化、そして通知表との一体化がある。これは、指導要録と通知表の項目や記載内容をそろえ、パソコンなどで利用する「校務支援システム」を通して一括で管理することで、それぞれの作成にかかる時間を短縮しようというものだ。

確かに働き方改革の観点からは一定の効果が望めるだろう。ただ、國分は、そこは譲ってはならない一線だと考えていた。無味乾燥な公的書類の指導要録と、教員から保護者や子どもに向けたメッセージともいえる通知表。外形的には似ていてもまったく違う機能をもつ両者を一体化させることが、子どもにとってプラスになるだろうか。

前述したように、國分は前任校で、両者の一体化の動きに強く抗議し、これを阻止した。各校の教員が独自の思いを込めてきた通知表を、他校と共通の様式である指導要録と一致させてしまえば、子どもにとってよりよい評価とは何かを考える大事な機会が失われることを意味する。

もちろん、その学校の教員が納得のいくまで話し合った末に、「通知表はその程度のもの」だと割り切って、発行はしつつもできるだけ「無効化」してしまうという選択は十分にあり得る。管理職になる前の國分自身、「通知表なんて意味がないんだよ」と子どもたちに再三伝えるという形でそれを実践していた。ただ、学校の常識を根本から問い直すことができるならどうだろう。やらなければならないことが増えていくばかりの学校現場にあって、何かをなくすというのは最大の働き方改革になり得る。

想定通りにいかないケースはもちろんある。通知表の代わりを打ち出そうとして、かえって忙しくなった廃止1年目の香川小はその典型だった。2年目に入って肩の力は抜けてきたものの、普段の評価を充実させる模索は続いていた。それでも、「通知表づくりと同じ時間をかけるなら、今のほうがやりがいがあるよね」と國分は実感を込めて口にした。

5　廃止3年目、挑戦は続く

比べない子どもたち

２０２２年度、通知表を廃止して3年目。廃止初年度に入学した子どもたちは3年生になった。

5クラスある3年生の担任は、教員歴20年のベテランから初任まで年齢層は多様で、いずれもこの子たちが1、2年生のときは接点がなかった。担任になり、通知表を知らない子どもたちと濃密に過ごすようになって驚いたのは、「人と比べない」「自己肯定感がとても高い」ということだ。

廃止3年目、子どもたちの何気ない姿に教師は変化を感じている

國分によると、3、4年生の時期の子どもたちは、とにかくやんちゃだ。他人との比較にも敏感になり、授業中は例えば算数の問題について自分がいかにわかっているかを見せつける、いわゆる「マウントを取り合う」姿が多く見られるという。しかし、この3年生たちは違うそうだ。人より優れていることをアピールする様子はほとんどない。テストが返却されても、どれだけできたかを周りと比べはせず、間違えた理由を探ろうとする。できない子をばかにしたり、逆にできなかったとしても自分を卑下したりすることもない。

「1、2年生時の担任が手塩にかけて育てた面は大きい」と、3年の担任は口をそろえる。この子たちはこれから、通知表をなくした意味を体現する存在になっていく。どんなふうに育ってほしいのか、一人一人の教員がこれまで以上に深く考え、子どもたちと接してきたのだろう。ちなみに、1年時の担任の一人は三堀だ。

10年以上にわたって香川小に出入りし、教員の授業改善にさまざまなアドバイスをしている慶應義塾大学教授の藤本和久は、3年生に限らず、子どもたちの何気ない姿に変化を感じている。

2022年12月に開かれた校内研究会。6年生の授業中、子どもたちはプリントに自分の考えを記入した後、何人かでグループを作った。その際、彼らがそれぞれのプリントを何の気負いもなく見せ合う姿に、藤本は内心驚いた。茅ヶ崎市内の他校も含め、多くの学校現場で、子どもたちがプリントを裏返す姿ばかりを見てきたからだ。書いたことに自信がなかったり、逆に自分の回答を引き写されたくなかったりするためらしい。藤本は「今の香川小の子どもたちは他者に『開かれている』。みんなで考えているんだよね、という感覚をもっている」と語る。

國分も「そういえば、前は授業中に『これって通知表の評価に入るの?』と聞いたり、『成績に入らないならやーらない』と投げ出したりする子がたくさんいたけど、そういう子はいなくなったね」と振り返る。

このような小さくても大切な変化が見られるようになったのは、通知表をなくしたからだ——。「そう言いたいのはやまやまだけど」と國分は笑う。厳密に言ってどうなのかはわからない。子どもたちがたまたま「そういう子」なのかもしれない。ただ、香川小に赴任した頃にはなかった姿であることは確かだとも言う。

全校に拡大

2022年秋の運動会は、2021年度の「比べない」取り組みをさらに推し進めたものとなった。今回も紅白では分けず、6年生が結成した「応援団」ならぬ「応援隊」は「フレー、フレー、2年」といったように、競技に参加するすべての子どもにエールを送った。

各学年とも個人競技はなく、団体競技とダンスを実施。1年生の団体競技は、人気ゲーム「どうぶつの森」の動物たちになりきって、障害物を飛び越える際に動物のまねをしながらリレーをするというもの。競争よりも、「なりきる」ことに夢中の子どもたちに、会場にはほんわかしたムードが流れたという。

2〜5年は、2021年度に3、4年がやったように、各クラスが自己ベストの更新を目指した。今回も、見かけ上の順位はそっちのけ。本番の集中力のたまものか、なんと全クラスが記録を更新して大喜びした。6年はクラスごとに玉入れを3セット行い、全クラ

自己ベストを更新した発表を聞いて喜ぶ4年生

スで1000個以上の玉を入れることに挑戦。こちらも目標を達成し、歓声が響いた。

6年生を中心とした子どもたちの願いで、学年ごとの代表選手が教員と本気でリレー勝負をするという企画も。子どもの走力に合わせて、教員側の出場選手や走る距離を調整したところ、1、2年生との対決では教員が敗北を喫するなど、大いに盛り上がった。

訪れた保護者の一部からは後日、子ども同士の競争がないことに疑問を感じたという声も聞かれた。一方、國分に対して「全員が笑顔になるすてきな運動会ね」と言ってくれる高齢の女性もいた。ある保護者は「わが子は足が遅いから、運動会の後はいつも、落ち込んでいるのをどうやって立ち直らせるか必死で考えていたんです。今年は楽しそうでよかった」と感謝を口にした。

優劣の向こうへ

2023年春、國分は定年を迎える。自治体によっては定年退職後も校長を続けるケースがあるが、茅ヶ崎市にはそうした慣例はないという。教員不足が叫ばれる昨今、一教員として再び教壇に立つことになるだろうが、これも慣例で、校長を務めた学校以外での勤務になりそうだ。「前校長が残っていたら、新しい校長がやりにくいでしょ。できれば、子どもたちの変化を近くで見たいけどね」。少し寂しそうな表情を浮かべる。

香川小に赴任して5年、通知表を廃止して3年、改革は少しずつ芽が出てきたという自負はある。ただし、保護者が何の疑問もなく受け入れているかといえば、そうとはいえない。2022年末、保護者に実施したアンケートでは、「どちらかといえば賛同しない」「賛同しない」が計51%、「賛同する」「どちらかといえば賛同する」は計38%にとどまった。もとの「あゆみ」に戻ることを望む声はあまり聞かれなかったとはいえ、國分は「保護者に伝わっていないところが多々あると受けとめないといけない」と現状を見つめる。

世間の反応も同様だ。2022年4月、香川小の取り組みを紹介する記事を共同通信がインターネット上に配信すると、ヤフーニュースのコメント欄やTwitter、Facebookなどで大きな反響があった。「ヤフーでのコメントは、8割くらいが『叩く』内容だったよね」と國分は苦笑する。通知表をやめたことを、子どもを評価しないことと同義に受け取って「教員の仕事の放棄だ」と批判したり、「『客観的』な評価は必要だ」と、通知表の意義を強調したり……。ほとんどのコメントは、香川小の教員が時間をかけて積み上げてきた考えを覆すようなものとはいえない。一方で、通知表廃止という取り組みが今の社会でどう見られるかということが顕在化された形だった。

一方、外部から國分に直接寄せられる声の多くは、取り組みに賛同するものだった。そして、さまざまなメディアから取材依頼が寄せられた。

文部科学省選定映画にも選ばれた「夢みる小学校」は、宿題もテストもない独自の教育を展開する私立小学校「きのくに子どもの村学園」や、60年以上前から通知表がなく、独自の総合学習を展開する長野県伊那市立伊那小学校、「校則をなくした中学校」として知られる東京都世田谷区立桜丘中学校の取り組みを紹介し、反響を呼んでいる。記事で香川小の取り組みを知ったオオタヴィン監督はすぐに國分に電話で連絡をとり、インタビューを撮影した。

教育関係者から講演を頼まれる機会も増えた。話をすると、「自分の学校でも検討したい」と言ってくれる教員らもいる。國分らが投じた一石は、少しずつ世の中に広がりはじめているようにも見える。

國分には、小学校だからできたことだ、という自覚がある。例えば公立中学校での通知表廃止はきわめて難しい。高校入試は、中学校の成績が内申点として合否に影響するためだ。社会に出ても、競争や他人の評価と無縁で生きるのが容易でないことは重々承知している。

小学生だって、中学受験に踏み出せば塾などでシビアな競争にさらされるのが現実だ。それでも國分は、優劣を比べるのが当たり前といった今の社会を覆う価値観に染まりきる前に、それがすべてではないと肌感覚で知っておくことは、決して無駄ではないと信じている。

小学校くらいは「できる」「できない」で比べなくてもいい。通知表の当たり前を見直すことは、教員を変え、子どもたちを変える。そして他校にも広がっていけば、もしかしたら、この国の未来を変えることにもつながるかもしれない。大げさかもしれないけれど、そのくらいの可能性がある取り組みだと感じている。

第2章

通知表をやめたら何が変わったのだろう

香川小学校が通知表をなくした初年度の入学生は、2022年度に早くも3年生となった。香川小の変化を全身で体現する「通知表を知らない子どもたち」は、どんなふうに育ち、どんな日々を過ごしているのか。そのことを最もよく知る3年生の担任による座談会では、まっさらな状態で子どもたちと向き合って得た気づきから、「テストの点を付けるかどうか」という悩みまで、率直な発言が次々と飛び出した。別の学年を受け持つ教師らの率直な思いや、2022年11月に実施した保護者アンケートの詳しい結果も紹介する。

1　3年担任座談会
通知表をなくして3年目の子どもたち

出席者　國分一哉（校長）・小笠原潤一・田澤志帆・羽賀晶子・村田夏実・山田剛輔
藤本和久（慶應義塾大学）

司　会　小田智博（共同通信社）

（2022年7月21日　於 香川小学校）

香川小学校が通知表をなくして3年目。入学時から通知表を受け取ったことのない子どもたちは今、どんなふうに成長しているのか。2022年7月21日、夏休みに入ったばかりの3年生の担任らによる座談会を開催した。

——**（司会：小田）**今日は3年生5クラスのうち、所用で欠席のお一人をのぞく4人の担任に集まっていただきました。國分一哉校長、通知表をなくす取り組みの中心となった山田剛輔先生、約10年にわたって香川小学校の授業研究のアドバイスをしてきた慶應義塾大学の藤本和久先生も参加しています。まずは4人のお名前から伺えますか。

田澤　5組の担任の田澤志帆です。教師歴20年、香川小に7年います。

羽賀　1組の担任の羽賀晶子です。教師歴16年で、香川小には2014年度からいて、9年目です。

村田　2組の担任の村田夏実です。

——村田さんは教員になって何年目ですか。

村田　今年初めてです。臨時任用の経験もなく初任の22歳です。

羽賀　うちの息子と同い年です。

——すごい学校にきちゃいましたね。

（一同笑）

——よろしくお願いします。最後、お名前をお願いします。

小笠原　4組の担任の小笠原潤一です。教師歴は5年ほどで、別の学校での臨時任用を経て、昨年度、新任で香川小にきました。

3年生の子どもたちの姿は？

――早速質問していきます。1学期を振り返って、各クラスの状況はどうでしょうか。通知表がないことで、何か感じるところがあれば、併せて語っていただけますか。

田澤　わたしは去年、6年生の担任だったんですが、5年生のときに通知表がなくなった子どもたちでした。そのことですごく戸惑いがあった学年で、なかには「何を目標にやっていいかわかんなくなった」「がんばれなくなっちゃった」みたいに言う子もいたんです。わたし自身も、通知表による評価を当たり前だと思って育ってきたので、なかなかそれに順応できず、モヤモヤする面はありました。でも、3年5組の子どもたちと会ったとき、明るくて、はつらつとして、生き生きしてるというか、本当に子どもらしいと思いました。「評価にまみれていない」っていう言い方をするのかもしれませんが、「自分はできない」とかは、あまり思ってない。

羽賀　思ってない、思ってない。

田澤　自己肯定感が高い子たちが多いっていう印象です。漢字が書けていないとか、九九ができていないとか、そういう部分も割とあったんですが、でもあまりそれを気にしていない子たちが多い感じです。

羽賀　わたしは子どもに「100ます計算」をやらせているんですが、最初は5分以内に

3年生の担任の先生方と藤本和久教授（右端）

できる子が10人以下だった。衝撃だったんですけど、でも子どもたちはしょげたりしないし、むしろ自分は「できる」と思っている。その様子を見て、できていることをほめてきてもらっている子たちなんだなって感じます。指導要録の「B」の基準までできている、というのではなくて、「あなたなりにできたね」と、この2年間認められ続けて、それがすごく自信になっている。だから、3年生としてどうかなんてことじゃなくて、「ぼくはできる」「大丈夫だよぼく、九九できるから」と思っている。

藤本　丸バツにこだわらない子どもの姿に違和感をもっていますか。教師としてやりにくさがあったりはしますか。

田澤　やりにくいということはあまりないですね。

羽賀　むしろありがたいですよ。

――どうしてですか。

田澤　ほかの子と比べたり、だれかを見下したり、ということが少ない。だれかができないからって馬鹿にするとか、そういうことをあまりしない子たちだと思います。

藤本　それはすごい。

羽賀　「普通はできるでしょ」とか「簡単、簡単」みたいなことを言う子がいても、「そういうことは言わないものだよね」みたいな同調圧力を感じます(笑)。

藤本　相対評価とか競争とか、人と比べることを意識したような発言が子どもたちからあまり出てこないと。

羽賀　ほかの学年より少ないと思う。

小笠原　テストを返したときとかも、何点だったかというよりは、間違ったところを見て「何で間違っちゃったんだろう」と考えている。

藤本　えらい！

羽賀　1、2年生の2年間、育ててもらっている。答えは何?とか聞いたりとかしなくて、もう1回自分で解き直すというのが習慣付いている。だから、間違い直しには、まる1

時間かかります。

國分　次に繋がるステップとしては、そこに時間をかけるのはいいよね。

羽賀　テストは単なる通過点であり、次へのステップのためだと子どもたちがとらえている。

藤本　テストを、評価や断罪のためとは思っていない。

羽賀　思っていない。自分のわかったこと、できないことを区別するためにやっている。

國分　途中から通知表がなくなった4年生以上の学年とは違うのかもしれない。テストをもらっても、騒ぎ方を知らない。

羽賀　テストの直しが早く終わった子は、まだできていない子に教えてあげています。それも、答えを教えるんじゃなくて、ヒントを子どもなりに考えてる。

國分　それが大事。それを考えると、できた子もすごい頭を回転させる。答えを言わないで相手にどう教えるかってすごい難しいことだから。

テストの点数を付けるか、付けないか

——テストの点はどうしているんですか。

羽賀　わたしは点数を付けてないんです。販売されているテストでは、配点が妙に高かっ

たりとかするじゃないですか。1問間違えただけで、すごく低い点になってしまう。テストじゃないところで自分を評価してもらってきた子たちに点数を付けることに抵抗がありました。去年は6年生の担任で、付けていました。4年生までは通知表があった子たちで、ずっと評価されてきたし、次は中学校だし。なにせ自分が帳面を取るのには、付けたほうが便利です。

――今年度はテストに点数を書いていないということですが、控えもとっていないんですか。

羽賀　いや、控えはしています。何かエビデンスを求められることがあったときのために。

藤本　そうやって点数を付けていることは、先生たちが子どもを見る目に影響を及ぼしてはいませんか。子どもには開示はしてないけれども、例えば「この子は、国語は大体6、7割がいつも相場なんだな」って。帳面、ちょっと言い方は古いけど、いわゆる「えんま帳」に付けていることによって、数値として可視化されますよね。ケアレスミスで20点を失ったのか、本気でわかっていなくて20点を失ったのかは、点数だけ見るとわからない。でも、その点数を通して子どもを理解してしまっていないか。

羽賀　そうですね。点数は、少なくともわたしの意識の中にはまったく残ってないです。

藤本　それは面白い。

羽賀　わたしも今、聞かれて初めて気がつきました。

藤本　そういう手があったかって、今度から見ないでくださいね（笑）。

羽賀　これまでは、テスト用紙に点数を付けてから、後で控えにメモをしていました。そのほうが、作業としてはすごく楽なんですよね。そうしていたときは、なぜか知らないけど、点数が頭に入っていました。この子はこの前80点だったなとか、そういうのが知らないうちに暗記できちゃっていた。でも今は、えんま帳には点数を付けているのに、どうしてなのか知らないけれど記憶にまったく残ってないんですね。この子は、何点だったかな……？という感じです。だから、この前の面談で保護者からテストの話をされたときに、どうだったか思い出せなくてひやっとしたときもありました。

――テストの点について、ほかのみなさんはどうですか。

村田　わたしは点数を付けています。丸も付けています。ただ、バツについては、本当はバツなんだけれど、でも惜しいってところは、惜しい！と書くこともあります。

藤本　その点数で子どもを、色眼鏡で見てしまったり、子どもを値踏みしてしまっているようなことはありますか。それとも、点数とは別な形で子どもを見よう、という感じなのか。その辺の葛藤というのはどうでしょう。村田先生は初任で、まだ1学期しか終わってないわけで、子どもたちを見るということ自体もなかなか戸惑いが多いと思うんですけれど。

村田　点数を付けていても、例えば、問題文をちゃんと読んでなくてバツになる子もいるんですよ。「ア」「イ」「ウ」で答えなさい、という設問なのに、なぜか丸バツで答えている子もいて。学力があるのに、問題の文章をちゃんと読んでいないっていうのが。そういう子がいる中で、点数で判断というのはしていないです。クラスには勉強が苦手な子がいますが、友達に対しての接し方がすごい優しい子がとても多い。点数よりもそっちのほうが大事じゃないかと思っている。だから点数に関して、低いからがんばりなよ、というのはあんまり言ってないですね。今回はよく取れたね、とか、そういうふうにほめてはいます。

藤本　なるほど。うん。いや面白いね。

子どもたちのどこを見るか

國分　村田さんの次のステップとしては、先生はそうやって子どもを見ているけど、子ども同士はどうだろう、っていうところがあるよね。例えば50点の子と70点の子がいて、友達の点がひゅっと見えたときに、友達関係はどうなんだろうか、というのを今度は見てみるといいかもしれない。関係に大して影響がないのだったら、点数を付けるのも表現の仕方としてありだと思う。でも、そこにもし違和感があるのだったら、付けないでいこうとか、そういうふうになると思う。先生が点数にこだわっていないわけだから。ぼく自身のえんま帳には、子どもに丸か二重丸か三重丸を付けていた。

羽賀　なるほど。

國分　要するに三角とかバツを付けたくないから、ただの丸が一番低いんだけど、何か補習的なことをやらなきゃいけないなと思う子には丸を付けて、よくできましたという子には三重丸を付けて、というような形にして。それを点数にすると、点に引っ張られちゃう。

藤本　同じ点でも、質が違うことがある。

國分　なんでだろうと思うけど、点数があると、間違ったところに目がいかなくなる。ただ単に「80」という数だけが残ってるから。だから自分の場合は、テストで90点でも丸の子がいるし、80点でもこの子のこの間違いはうっかりだなって、二重丸付ける子もいる。そんな付け方をしていた。

藤本　村田さんは、さっきおっしゃったように、この子の間違いってのはこういう意味がある間違いなんだとか、こういうつまずきなんだとか、問題文を読んでいなくてせっかちなだけで中身の理解とは関係がないんだなとか、というのを腑分けして見ていると。

そのスタンスは、3年生の子がこれまでバツを付けられてこなかった、というのが前提にあって、同じ点数というだけでは同列に見ないという流れができているっていうことかしら。2年時の先生から引き継ぐ中で、そういう思いをもたざるを得ないというか。

（一同うなずく）

――2年時の先生から、そういう引き継ぎがあったんですか。

田澤　そうですね。毎年引き継ぎはしているんですけれども、その中でそういう話が出てきていた。

――これまで、点数を付けられてきていない子たちだから、そこら辺は慎重にだとか、工夫してあげてねとか、そんな感じでしょうか。

羽賀　そうです。香川小としては、玉のように育てている子ですよね。

（一同笑）

國分　1年時、2年時の担任は、変な言い方なんだけど、自信をもって、新たな視点で育てた子たちだから、みたいな自負はあると思う。

羽賀　本当に、1年時の担任が玉のようにかわいがってかわいがって、2年時の担任が引き継いで、そこでも一生懸命かわいがって磨きをかけて、それをわたしたちが引き継いでいる、っていう「重荷」がある。

（一同笑）

國分　それでも、3年生になると子どもたちはやんちゃになる。やんちゃになるし、クラスの中でもいろんな問題を起こすよ。3年生や4年生の時期はもうしょうがないから。それを担任がプレッシャーと考えずに、この3年生の間は思う存分、けんかも含めていろいろしていいよって、そんなふうに育ててほしい。占い師じゃないけれど、5、6年生になったら絶対に落ち着いて、すごい良い子たちだよねって言える子たちになるから。3、4年生の時期は慌てる必要はないよねって、周りの先生も含めてそう思えれば、変わってくるような気がするな、この学年の子たちが。

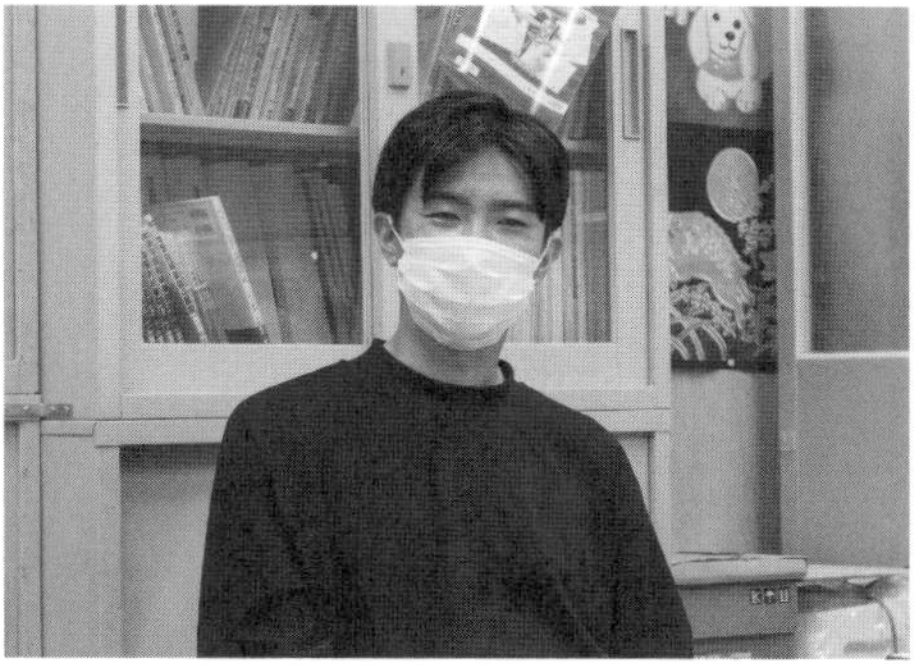

小笠原潤一教諭

――小笠原さんはテストについてどうですか。

小笠原　ぼくも村田先生がおっしゃったように、点数を付けてはいるんですが、点数ではあまり見ていなくて。どういう間違え方をしたのかとか、やっぱりそっちのほうを見ています。ある子どもが実は陰で登下校中にゴミ拾いしているという話を聞いたりして。そういうことのほうが大事なんじゃないかなと思って、そのときはめちゃくちゃほめました。

國分　そんな話を聞いていたら、羽賀さんがやっているように、テスト用紙には点を付けずに子どもたちをどう見ていくか考えてみようと。何点だったか聞かれたときのためだけに、えんま帳には点を残しておこうと。そのぐらいの割り切り方で試みたほうがいいかもね。

羽賀　そうですね。

國分　知らず知らずのうちに子どもには刷り込まれるから。100点がいいものっていう感覚はさ、幼少の頃からあるじゃん。100点神話は小学校でつくものじゃない。

羽賀　1年生で初めてテストをやったときだって、100点をもらったら喜んで帰りますもんね。

國分　だから、今の3年生が、もし点を付けてほしいと言ってきたら、「えっ、なぜ100点がいいんだろうね」みたいなことを話しても面白いんだろうなって思う。ぼくが3、4年に漢字テストの10問テストをやったときに、10点って付けると、子どもから「なんで100点じゃないの、全部合っているのに」って言われたことがある。そのときは「30人にゼロを1コ分多く付けたら、赤ペンのインクが大変なことになる。節約節約」って。

（一同笑）

國分　何問できた、とかやればいいだけの話だからね。だから、夏休み明け以降、今の3年生に点を付けるのをやめてみたりして、子どもたちには「点を付けていたけどさ、そこじゃないって気づいたよ」って説明したら、今の3年生なら「そうだよね」って言うと思う。そんな感じで試みてみるのもいいかもしれないって思う。

――こんなこと普通の学校では聞かれないわけですが、逆に、羽賀先生以外の方は、どうして点を付けようと思われたんですか。

藤本　普通は聞かれない質問。

（一同笑）

田澤　惰性です、わたしは。さっき羽賀先生がおっしゃったけど、楽なんですよね。自分が帳簿に控えるのに。でもやっぱり、付けたらいけなかったなってすごく思っています。反省。9月からは付けません。

國分　たぶん、それ自体は悪いことじゃないんだけど。ただ、子どもたちには幼少の頃から、知らず知らずのうちに100点満点が刷り込まれている。保護者も、点があるとそこにしか目がいかなくなる。子どもが点数を気にせず、どうして間違ったのかを理解することに目を向けていたって、家に持って帰ってそれが80点だと、「100点を取りなさい」となる保護者もいる。やっぱり点数が独り歩きしていく。点数を付けないと、それを防止できるっていうか、趣旨はそこじゃないよねって伝わりやすくなる。通知表も同じで、ちゃんと話して、ちゃんと理解していれば、通知表があってもいいと思う。だけど、通知表を一生懸命こっちが作って、説明して渡しているのに、丸がこっちに何個あるとか、そういうふうになっちゃう。もしかしたら、保護者がみんな子どもとちゃんと対等に向き合って、通知表の各項目について話を深めることができるのなら、なくす必要はなかったのかもしれない。

藤本　とはいえ実際は話しようがない。この前も、中学生の息子の通知表で体育の一部の項目の評価が低くて、息子に「どうしてだろう」と聞いたら、「わからない」と言っていた。

國分　子どもも納得していないわけだから。香川小は昔、評価基準を保護者に伝えようとして、びっしり書き込まれたプリントを配った。でもあれを配られた保護者は、引いちゃうじゃないですか。

羽賀　だれも読まない。

國分　そう。こんなふうに考えて授業をやっているのかと思ってくれたらいいけれど、配ることでどうしてほしいのかわからないって受け止められると不幸だよね。あれだけ労力をかけて作ってきた通知表がそんな扱いをされるんだったら、なくていいよねって。

通知表がなくなって子どもたちは変わった？

藤本　わたしが一番聞きたいのは、通知表がなくなって評価のあり方が変わったことで、授業は変わったか、ということ。どこの学校でも、普通にテストがあってテスト文化がある中で、「人と比べて自分は早くできる」とか、「正確にできる」っていうことを知らしめたい、みたいな、子ども同士でマウントを取るような行為っていうのは、ものすごく起こっているわけですよ。一方、通知表がなくなった香川小で玉のように磨かれてきた3年生は、授業中、マウント競争みたいなものが起こりやすいのかどうか。中学年の子たちだから、まったくないわけじゃないだろうけどね。先生が問いを出すやいなや、ぱっと手を挙げて「答えたい」とか「おれ答えられる」とか「言いたい」っていうふうな発言が出て、どれだけ早く正確に言えるかを競い合うような空気。教室の中でだれが早く言えるのかっていう。そういう状況って、実はテストとほとんど同じですよね。一方、香川小の今の3年生が2年生のときの国語の授業を見学したときは、結構ゆったりした時間が流れているなっていう印象を受けたんです。子どもたちは「言いたい」「言わせて」「おれに、おれに」みたいな前のめりの感じじゃなかったなと。今はどんな感じですか。テストでは現れない分、そこで競争しているみたいな感じがありますか。

田澤　そういうのはあまりないかな。

羽賀　マウントを取るっていうよりは「聞いてほしい」。1年生みたいに「聞いてほしいの〜」って言うんです。ごめんね、時間だからおしまいにするねって言ったら、「聞いてほしかったのに〜」って涙声になる。

小笠原　人より上に立ってやろう、という思いがない。

藤本　それはすごい。

田澤　小笠原さんの言うとおり、それはないですね。あんまりない。

國分　まだ一対一の関係なんですよ。

藤本　「せんせいあのね」なんだ。

羽賀　そうなの。そこはちょっと残念でもある。あくまでもわたしに聞いてほしいわけであって、友達に、じゃない。わたしに聞いてもらえなかったことを悔しがってるわけですよ。

藤本　でもそれはまったく空気が違うね。同世代の3年生はそんな感じじゃないです。例えば算数の授業で、405引く195みたいな問題が出たら、マウント取りたい、みたいな。「おれだって知ってる」「おれ、もう暗算でできちゃうし」っていう。

羽賀　そういう子は、香川小の3年生にも一定数はいます。

藤本　他校では、そういう子が生み出すプレッシャーが、ほかの多くの子たちを圧してる、そのいたたまれなさみたいなものが、どこもありますよね。

國分　その子たちが教室の雰囲気を全部作り変えていくみたいな。でも香川小の今の3年生はそういう感じではないかな。

田澤　算数とはちょっと違うんですけれど、ある日、うちのクラスのある子が帰りの会で突然、「先生、わたしちょっと言いたいことがある」って言って、本を持ってきた。廊下にある学年図書なんですけど、カンボジア内戦か何かのことが載っている本なんです。その子はみんなの前で「わたし、このページを見て、とっても悲しいと思ったの」と言った。そのページには子どもたちが殺し合ったという悲劇が短い言葉で書かれていた。ほかの子たちは、ちょっとあっけにとられたんだけど、「そうなんだー」という感じで受け止めていた。その子はノートを取るとか、九九を言ったり漢字を書いたりとかがとくに得意なほうではないのですけれど、何かすごく伝えたいというものをもっている。この子のすごさっていうのをすごく感じた。こういう子が存在する教室の空間って、すごくいいなって思ったんです。

藤本　すてきですよ。しかも、ほかの子たちも、あっけにとられながらもそれをちゃんと受け入れている。「そうなんだ」「それは悲しいね」って一緒に思える子たちがいるっていうことですよね。

田澤　そうなんですよね。もしかしたらそういうところが、評価にまみれていないっていうところなのかなって思ったりもして。授業の中では、その子を生かせる部分っていうのが少ないので、もっと何か生かせる方法も考えていかなきゃいけないんですけど。

羽賀　帰りの会のときに、唐突に自分の話をする子は何人かいます。「連絡がある人はいますか」と聞いたときに、「明日の水遊びが楽しみです」とか「何々が楽しかったです」とか。

國分　1、2年生のときに、点数でほめられるような経験をしてこなかったところがあって、成長としてはもしかしてゆっくりというか。

羽賀　追い立てられていない。

國分　今の時代の中での成長曲線としては、もしかしたら少しゆっくりなのかもしれないけれど、人間としての成長と考えたら、それぐらいのペースでも、将来困ることはきっとないんだよって思う。だから、この子たちが4年、5年と成長していったときに、低学年の子たちとどう付き合うのか、すごく楽しみというか。

羽賀　すごく楽しみ。
國分　この子たちが今後、どういうふうになっていくのか。
藤本　彼らが進学する中学校にもおじゃましているので、中3まで見届けないとね。
（一同笑）
國分　今はどこのクラスも純粋に楽しんでいる。
田澤　うちのクラスはみなさま、てんでばらばらなんです。
國分　でも3年生のよさはそこだよ。ばらばらでも、なんかみんな同じところにいて、いざというときには一応一緒の方向に行く、っていうものの面白さ。きっと見ているものはばらばらだろうし、考えていることもばらばらなんだけど。
藤本　それがより合わさっていく、今後の楽しみってありますよね。それにしても、先生たちに見えている風景が、ほかの学校とはかくも違うのかと思っちゃった。マウント取っちゃうような発言がどんどん出てきて、っていうのが典型的に起こっている中で、香川小はそうじゃないエピソードのほうが先生たちに強烈に残ってるっていうのは、ある種の特徴なんだろうなと思います。はたしてこれは、評価の改革の結果なのか、それとも単にその世代の子たちのもっているものなのか。
羽賀　そこを見極めたいですよね。

羽賀晶子教諭

國分　今の3年生が入学した頃のことを考えると、今の1年生のほうが、よっぽどお利口なところがあると思う。ただぼくは、通知表をなくしたからではないかもしれないけれど、保護者と手を取り合って、ほめて育てていきましょう、とやってきたのが、その子たちを変えていった気がするんだよね。先生たちに余裕があって、子どもたちが何かいたずらをしていても、「かわいいなあ」って思えれば、子どもはそうやって育っていく。一方で、何かあったときに「何やってんの！」って怒っていると、やっぱりそういうふうに育っていく。だから、本当に先生たちに余裕を与えたいなって思う。子どもたちにも、友達のことを「いいね」と思うところから始めようよって。「嫌い」とか「いやだ」は、あとからでもすぐになれるからって伝えていきたい。それにしても、今の3年生って授業をしていても、こっちが声枯れるぐらい楽しくなるっていうか。

田澤　あと、優しい。子どもから結構教わることが多いというか。雷が怖くて机の下に潜っちゃう子がいるんですけど、友達が「大丈夫？ 大丈夫？」って言ったり、一生懸命背中をさすったりする。あと、ちょっと暴力を振るわれた子が、相手の子のお母さんには言わないでほしいと。そのお母さんから謝られるのがつらいって。

藤本 ハンカチなしには聞けない話。すごい他者性だね。

國分 本当に今後が楽しみだよなって。

田澤 なんか関係性が育まれているんだなと思って。わたしたちがわかっていないところで。こっちがついついコントロールしたくなっちゃうんですけど、彼らの中で何かあるんだよなと。

國分 3年生の廊下を歩くと、みんなが手を引っ張って、教室に来てって言われる。ほかの学年でも「校長来て」とかいうのはいっぱいあるけど、「校長先生」って必ず手を握って、「ちょっと来て」みたいな。

藤本 優しいことですね。ほとんど敬老の精神。

國分 こっちはおじいちゃんだから（笑）。検証はなかなか難しいと思いますけれど、いろいろな話を聞いてきたときに、今の3年生の取り組みには意義があると思う。それを大切に引き継ぎ、受け継がれていく中でどうなるか。テストの結果を見たときに間違いがあって、なぜ間違ったんだろうかとまず考える、なんていう小学生は、日本にはほとんどいないじゃないですか。それが自然で、友達とも「きみはどこを間違えてた？　ぼくはさ……」とか話せるような関係のままで高学年にいったら、どういうふうになってくるかなと思う。

藤本　本当に困っているところだとか、自分が不覚にもつまずいちゃったところとかを、えぐるような関係ではなくて、ちゃんとこう見せ合っていくような。

國分　えぐる関係じゃなくて。とげを突き刺すような関係じゃなくて。

初任で香川小へ来たら「通知表がない」と言われて……

――初任の先生にも伺いたいんですが、通知表をなくした学校だというのは最初からご存じだったんですか。

村田　知らなかった。校長先生に言われて、「えー」って。すごくびっくりした。

藤本　「めっちゃ楽じゃない」って思った？　いきなり楽で、ラッキーと思っちゃったりして。

村田　それと同時に、やっぱり不安もあったんですよね。6年目とかにほかの学校に異動したときに、そこでは多分通知表を付けるのが当たり前だから、「付け方を知らないの？」となってしまうのがちょっと怖いなと。わたしも成績を付けられて育ってきたので、通知表がないことにまずびっくりした。不安と、でもすごく新しいなあっていう感じでした。

藤本　同期の人たちと通知表について話すことは?

村田　研修に行ったとき、同期と話すと、「えっ、通知表ないの?」とか言われる。「どうしてるの」とかよく聞かれて。

國分　そんなときは、大人としては「どうしてると思う?」って返せばいい(笑)。

――通知表がないことに抵抗はなかったですか。

村田　そこまで抵抗はなかったですね。

藤本　通知表を作る作業自体、まだイメージがないもんね。

村田　知らないし、わからないので。わたしは群馬県から来たんですけど、群馬の先生方に話を聞くと、すごいつらいんだよねと言っていた。群馬は3学期制で、夏休み前にもいろいろ大変だったのかな。それが3回もやってくるっていうのを聞いたので、ないならいいんじゃないかと。

――なるほど。小笠原さんはどうですか。

小笠原　自分が臨時任用の時期にいた学校は、3学期制で、通知表を年3回出していた。香川小に来て思ったのは、これまでは何で通知表を出していたんだろうっていう(笑)。

香川小に来て、改めてものすごく考えて、確かに、と納得したので、全然抵抗はなかったですね。

——どんなことを考えたんですか。

小笠原　丸の位置で一人の子どもを測るようなものについて、大事なのはそこだけじゃないよなっていう視点が、香川小に来て、確かにそうだなと思った。

——通知表をなくした学校に途中から加わるのは、戸惑いが大きいのではないかと思うんですが、意外にスッと受け入れられるものですか。

小笠原　自分はそうですね。通知表は子どものいいところを伝えるものだっていう思いはもともとあったんですけど、日常的にもそれは伝えられる。通知表だけにこだわれば、保護者もそこだけを見ちゃうしと。

——新しく着任した先生に、通知表がないことについて説明する研修のようなものはあるんでしたっけ。

山田　今年度は春に1回話をしました。困っていることやわからないことを出して、みんなで話そうという機会。

國分　でも多分、思いがまったくなければ香川小は選ばないよね。新採用は学校を選べないけれど、ほかの人は一応異動先の希望を書く機会がある。いくつかの希望の中に、香川小を入れる人というのは、香川小には通知表がないと知っていてそう書くわけだから。ぼくが言われたことがあるのは、「もう絶対香川小にはいかない。希望に書けなくなった」って。どうしてなのかを聞くと「だって通知表ないんでしょ。そのほうが大変そう」って。そういう人は希望を書かないわけだから。だから、希望校の中に香川小を入れるのは、なんとなく関心があるということだし。異動してくる人は何かしら覚悟して来てもらいたい。もし通知表は必要だと思うという意見なんだったら、それはそれでいい。話し合う土台は、香川小にはあるよっていうことは言っていきたい。来たら従わなきゃいけないんですかって言われたら、別に従う、従わないじゃないからと。みんなで話し合って、何が必要か考えてやろうよっていうだけの話だから、とは思っている。

——いまさらの質問ですが、通知表、ありとなしではどっちがいいか。田澤さんはさっき、去年はかなりモヤモヤしていたとおっしゃっていましたけれども。

田澤　わたしは本当に、最初からモヤモヤしていたんです。成績はなしっていうのが、えって思って。やっぱり子どもたちもどこかでは評価されるしと。

——将来は、という。

田澤　そうですね。中学校に行ってからとか。で、そのときにギャップを感じるだろうけど、それはどうするんだろうとか、すごく疑問がありました。

――一昨年度は5年生、昨年度は持ち上がりで6年生の担任だったということですが、その疑問は解消しないままだったということでしょうか。

田澤　そうですね。一番最初の年は、通知表に何か代わるものを出そうという話になって、振り返りを子どもに書かせて、わたしたちがコメントを返すという方法をとったんですけど。それがすごく苦しかった。各教科についてやったんですが、子どもも、そんな前のことはもう忘れちゃったよとか、そういう反応もあったし。わたしは通知表を付けていたときも、別にこれでこの子を評価しているつもりは全然なくて、どっちかっていうと国語が苦手だよねとか、算数はちょっと、計算もうちょっとがんばれたらいいよねっていうくらいだった。大事なのはそっちじゃなくて、お掃除がんばってるよねとか、係活動やってるし、すごい一生懸命だったよねとかっていうほうを、自分では通知表を通して伝えているつもりだったんですけど。でも先生同士の話し合いを通して、やっぱり保護者や子どもは丸の位置を見ちゃうのかなっていうのは感じていた。で、今回3年生の子たちをもたせてもらって、その様子を目の当たりにすると、これまでの評価って、すごく一面的だったし、そういうのにまみれていない子たちっていうのは、こういうふうになってくるのかというのを、今、いろいろ見させてもらっている感じです。

――すごくリアルですね。約2年間、要するにこの改革に対して懐疑的な思いだったわけですよね。同じように疑問をもっていた人は田澤さん一人じゃなかったと思うんですけど、「ちょっとこれどうなの」って愚痴を言いあうようなことはあったんですか。

田澤 ありますね。最初の年、すごく苦しかったときは、「これ、普通の通知表のほうが楽じゃない?!」みたいに話していたときはありました。

國分 全教科にコメント入れて、全部に返事書くのなんて、それきつくない?　みたいな感じで?

田澤 なんかどうやればいいかわからなくて。通知表の代わりのものに執着しちゃったんですよね。

國分 そこは校長がぶれたから、謝るしかない。

(一同笑)

田澤 わたしは通知表を書くときに、うっかりどころじゃなくていっぱい間違えちゃう。間違えるところは、また間違えちゃったってなるし、何日休んだとか、どこがAだとかCだとかっていう細かいところをチェック表でチェックしなくちゃいけない。そしてミスしたら報道発表されて、謝らなきゃいけないっていう。

藤本 謝るのは教育長ですから(笑)。

田澤 これはおかしいって、すごく思っていた。なんのためにここまでチェックしているのかっていうのは、それはすごく思っていたんです。でも逆に言うと、通知表にはあんまり疑問をもたずにやってきちゃったんですよね。

國分 チェック表への不評は、みんなもっていた。通知表をなしにすればチェック表はいらないよねっていうところで、なくす方向に賛成した人もいると思う。中学校で、高校入試と直結しているものだったらともかく、小学校でうっかり間違ったことまで報道発表する必要があるのかって。あれは本当にもう嫌っていうのがあった。

――2年目も懐疑的な思いは変わらなかった？

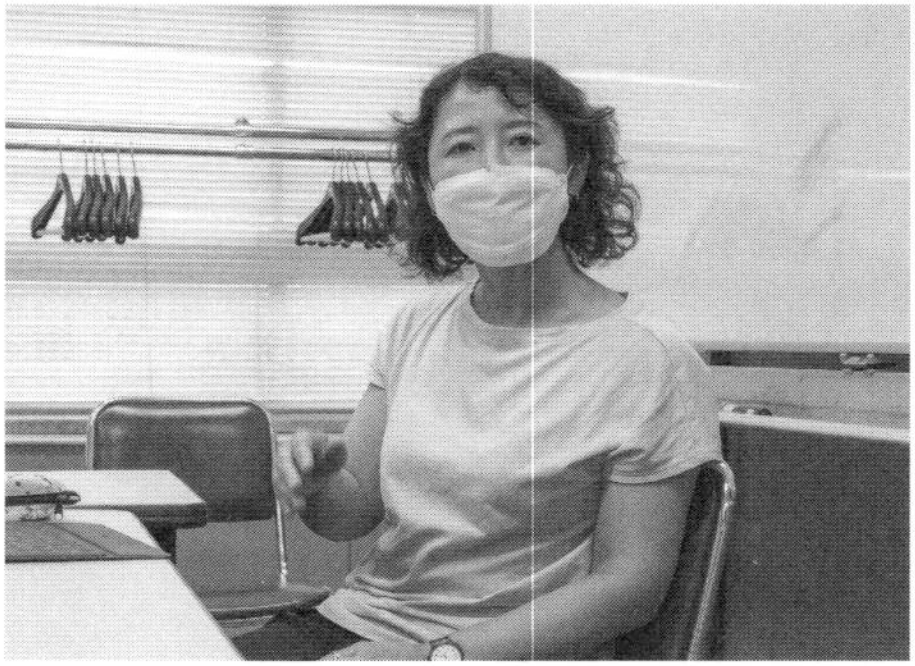
田澤志帆教諭

田澤 一番最初の年ほどではなかったですね。通知表に代わるものも出さなくなったし。一方で、子どもたちが感じている戸惑いみたいなのも、ちょっとわかるなあっていうところはありましたね。そこを覆してあげられるほどの強いオピニオンが、わたしにはなかった。

國分 去年の6年生は、5年生のときも含めて、「通知表を出してくれ」って言いに来る子が多かった。「なんでやめたの」という子たちが多かった学年。当たり前だよね。4年生まではもらっていて、5年生では自己評価しろと言われて大変な思いをして。前のやり方でいいじゃないか、みたいな。子どもにとっては、丸の数で比べるよりも、文章を書いたほうが意味がわからないっていうか。丸の数なら、一つ一つの項目の意味はわからなくても、国語はちょっとできるとか、そういうのはわかるから、そのほうがいいっていうことを、多くの子が言いに来ていた。

田澤　自分に自信がない子たちが多かったんだと思います。だから、もっと自信をつけさせてあげられる、というような形にはできなかったですね。それでも、1年過ごしていくうちに、ずいぶんと変わっていったなっていうところはあった。

國分　それは通知表とは関係なくね。全国学力テストの際、新型コロナウイルスの流行による影響をみる意識調査の設問があって、びっくりするぐらいマイナスな、後ろ向きな結果が出たクラスがあった。遠足でクラス写真を撮るとき、一瞬でいいからマスク外してねって言っても、絶対外さない子がいっぱいいたりして。クラス担任が本当にがんばって、最終的にはだいぶ変わったんだけれども。そういう子たちにとっては、通知表がなくなったのが、マイナスに作用しちゃったかもしれないっていうのはある。議論の過程では、5、6年生は通知表を出して1～4年生はなしにして様子を見ていきましょょうよ、っていう意見もあった。だけど、学校としてなくすんだったら全学年なくそうっていう意見もあって。いろいろ話し合って出た選択肢が、全部なくすだった。子どもたちにとっては、これまでもらっていた通知表が突然なくなって、代わりに自分で自分を振り返りなさいと言われたって、「なにそれ」みたいになるのはそう。そういう意味では結構きつかった。ただ、応援してくれる保護者が多かったのも、去年の6年生の代だった。手紙がきたりもした。

藤本　わたしは香川小の子たちが進学する中学校もよく見学するんだけど、驚くのは、中学校の側は、通知表をもらってない子たちだっていうのを、なにも意識していない。清々しいぐらい。

國分　中学校の校長と話すこともあるけれど、とくに何も言われないし。だから、子どもたちがちゃんとやってるなら、それはそれでいいのかなって。

藤本　市内にある別の中学校の校長先生には「本当は中学校もなくしたいんだけどね」と言う人もいましたよ。

國分　でも現実的には中学校では難しいのかな。

藤本　ともあれ、この流れの中で、今の3年生が、4年生、5年生になっていくのは楽しみ。

國分　そして、6年生になったとき、その子たちの保護者がどういう意見を言ってくれるか。保護者はみんな通知表をもらって育ってきた人たちじゃないですか。成長したわが子を見て、通知表というものが、保護者としてもどうだったのかっていう意見を、冷静に聞けるんだったら、すごく参考になるかなって思う。保護者としては、やっぱり通知表みたいなものがあったほうがいいですよっていう意見が大半なのか、子どもたちと対話ができて、先生がちゃんと見てくれるって安心感があれば、なくてもいいんですよっていう意見が大勢になるのか。それによって、ぼくはこの取り組みが、次にどう舵を切っていくかという指針になるかなと。今はまだ、もらっていたことがある人たちが高学年にいますからね。

学力をどう見るか

藤本　みなさんの話の中でわたしが気になっているのは、この子たちの学力について、保護者にはどう見えているのかというところ。測ることができる範囲での学力がどの程度定着しているか、今はなかなか高いパフォーマンスを見せられない状況だとしても、それが評価のせいにされると、何かとてもつらいっていうか。ちゃんとテストをやってないから、あるいはちゃんと成績を出していないから、今の3年生以下の子たちは学力定着がおぼつかないんじゃないか、みたいな見方をされるとね。そうとは限らない、とか、そうじゃない、っていうところを、参観日であれ面談であれ、どういう形で示していくかっていうのは、大きな課題という気がする。市販テストができるかどうかというところに学力観をもっていかれない、香川小としての学力保障みたいなもの。学習指導要領や、指導書で示されている定着のペースとは違う意味で、こんな力がついてますと言えるようになるのは大事。通知表をなくした「元年」の子たちだからこそ、保護者からそういうリクエストは当然出てくるというか、われわれは受けて立たねばならぬ、ということだと思うんですよね。保護者は「テストをしないとか、点数を付けないということは同意するけれども、ちゃんと公教育で学ぶべきことを学んでいるんでしょうか」という心配は絶対もっているはずですから。それに対して、どんな言葉をもつかというのは、一緒に考えていかないといけない。

（一同うなずく）

國分　そうですね。もしかしたら小笠原さんや村田さんは、結構きついかもしれないね。新採用だったり、経験がなかったりする中で初めてやっているところだから。

藤本　次の見通しはなかなか語れないですよね。「5年生でやりますからご安心ください」とかって。

國分　そういうことを含めて、学びながら、ぼくは保護者も巻き込んでいきたい。文部科学省が言っている言葉だと「生きる力」っていうか、「主体的に学ぶ力」とか、これは家庭学習まで含まれているじゃないですか、みたいな話をしながら。学校の先生にお任せして、どうなってるの？　というような関係ではなくなっていますよと。切り替わってるんですよっていうところまで、本当は言っていかないといけないかなと。

田澤　話せばわかる保護者は多い気がする。

國分　この間、保育園、幼稚園、小学校の関係者の前で通知表の話をする機会があって、ある幼稚園の園長ににらまれて「学習指導要領の内容をきちんとやっているんでしょうね」と言われた。評価の伝え方を変えただけなんですよって、普段の電話連絡にしろ、いろんなものは、以前より大変になっているんですよと言ったけど、まだわからないという感じだった。そうやって見られているところもあるんだなあと思った。一方で今回の改革は、大きな働き方改革という視点もある。学校現場で、行事の精選や会議の精選をいろいろやったって、もう切るところはほとんどない。その中で通知表をなくすというのは、大変な面はあるかもしれないけれど、70時間、80時間という時間の余裕は作れていると思いますよ。そういうことは言っていきたいとは思うんですけどね。

藤本　昨日、テレビで「通知表をやめた学校があります」って夕方のニュースで流れたから、香川小かと思って録画のボタンを押したんだけど違っていて、働き方改革の文脈で1学期の成績だけ出さないという取り組みだった。

國分　ぼくらとしては、働き方改革とも言えるけれど、ただそれを第一の目的にしたら、多分保護者は、今はまだ理解してくれない。香川小が考えたのは、子どもが伸びていくためにどうするか。子どもが継続して学習したいという意欲をもつにはどうしたらいいか。それが出発点なんだというのは、本当に強く言っていかないといけない。

今後、子どもたちはどう育っていくのだろう

――ありがとうございます。最後に今後の見通し、予言のようなものでもいいので、ちょっと聞きたいと思います。さっきの学力保障のあり方について、学年が上がっていくと、培ってきた主体性が生きるはずだとか、こうなるはずだという話はどうでしょうか。

田澤　学ぶことへの好奇心だったり、主体的に学びたいと思うような意欲は、もち続けられる子が多いのではないかなと予想しています。夏休みの宿題で、いくつかの中から選択させたとき、自由研究を選ぶと言った子が結構多かった。普段から、やりたいと思っていることがあるからなのかなあと、前向きに考えている。

――田澤さんのこれまでの経験からすると、自分から進んでやる子の「伸び」がいいとい

うような感覚はあるのですか。

田澤　やっぱり、自分から進んでやるほうが絶対、身についていくものが多いんじゃないか。こちらも予測がつかないようなことをいろいろ覚えたり、調べてきたりして、いろいろ広がっていくということは、多いと思います。

羽賀　わたしも同じ思いで、4月に教科書配ったときに「うわー、楽しみー」って子どもたちが言ったんですよ。配るたびに「うわーっ」「どんなことやるんだろう」って。これまではずっと高学年を受け持っていたんですけど、「うへー」とか言う子もいるんですよ。だから、この子たちはこんなに喜んでくれるんだと。この気持ちを失わせないのが、自分の今年度の責務だって思いました。重責を担っているという気持ちが大きい。4年生になって教科書を受け取るときも「楽しみー」って言ってくれるよう、進級させるっていうのがわたしの責務だと思っています。

――3年生って普通はどんな反応なんでしょうか。

國分　普段の3年生は、当然高学年よりは楽しみだっていう子もいるけれど、その割合が多いのかな。

藤本　それが心からのものだと思えるという。

羽賀　そう、リップサービスではない。

國分　先生を喜ばせようと思って言ってるわけではない。

――3年生がそんなこと考えるんですか。

國分　いるよ、いっぱい。

羽賀　先生に気に入られたいから。

藤本　学級開きは子どもたちにとっても勝負だから。

――村田さんはどうですか。

村田　3年生になって、習字とか、リコーダーとか、外国語活動とか、理科や社会もだし、初めてやることがいっぱいある中で、嫌だな、とかいう声がなかった。羽賀先生も言ってくれたように、楽しみ、という反応がすごく多い。先日も、俳句を授業で初めてやったんですけど、すごく楽しくやっていた。リズムに合わせて何でも言いたくて。

藤本　このままいきそうな感じがする？　このまま高学年になったら、自分が知っているかつての高学年とは違いそう？

村田　そうですね。

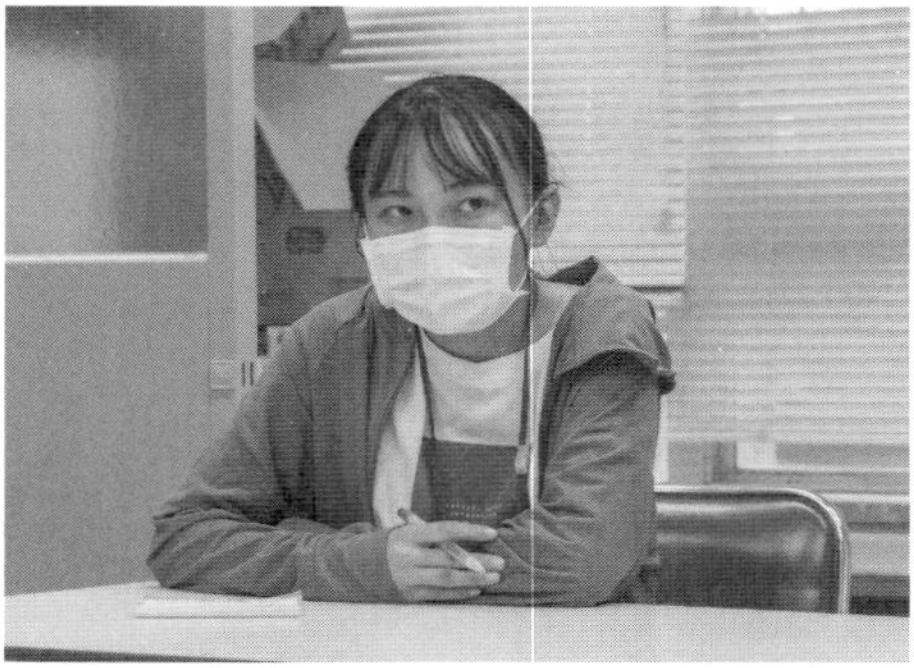

村田夏実教諭

――小笠原さんはどうですか。

小笠原　3人の話と大体同じ。学ぶことが楽しいっていう感じ。点数が何点だから楽しい、ではなくて。間違えたときも、なんでだろうと受け止める。今後も、新しいことが知れて楽しい、学ぶこと自体が楽しいって気持ちをもって、高学年になってほしい。なってくれるんじゃないかなって。それに加えて、心の部分で、優しさをもったままで。ゴミ拾いしてくれたり、「大丈夫」って声を掛けたり、そういう部分ももっていてほしい。

藤本　本当にそう思う。今日の座談会に参加できなかった3年3組の崎尾先生の体育の授業で、体育館で高跳びをやっているのを見た。跳べる高さごとに4カ所に分かれていて、それぞれコーンにゴムが張られている。一番低い高さの場所にいた子は、一生懸命やっていてもなかなかできなくて、でも全然卑屈な感じじゃなかった。自分が跳べない中でも、別の子が跳べなかったら励ましていた。この子はここに居場所を感じていると思った。4カ所に分かれているところだけ見ると、相対評価されているようなんだけど、とっても楽しそうにしていて、今ぼくが向き合っている課題はこれなんだと、それぞれがわかっていると感じた。

羽賀　そうそう。そうなんですよね。

藤本　すごい向学心だとか、次はあれにチャレンジしたいとか、おれは次にあれを乗り越えるぜ、みたいな、ガツガツした感じはなかった。ただ、今この状況でぼくはこれを乗り越えたい、これをやるんだ、一緒にやろうねとかって。お互い、できないもの同士でアドバイスを出し合って、一生懸命がんばっている姿とかを見ると、すごくフラットにいい関係を作れる子どもたちだと感じる。これが今後、どんな化け方をするかっていうのは楽しみ。共に問題解決に貢献していくとか、協力するみたいなところで、彼らは力を発揮していくのかどうか。今の時点では、互いに高め合おうというような空気が、まだないんだなとは正直思ったんです。今日の話で、その理由はよくわかった。それは課題と言えるのかどうかはわからない。もうちょっとこのままで、柔らかい感じのままで、彼らを醸成していくと、自然とみんなで力を出し合って、解決していくような子に育つのか、ちょっとそれはわからないんです。

――みなさんありがとうございました。座談会の前は、これまでの子とはそんなに変わらない、と言われるかと予想していましたが、こんなに違うんですね。

國分　先生たちが香川小ならではの授業をしている、ってことはないけれど、教える側としての意識は確かに変わってきつつある。

藤本　先生たちによる子どもたちの見方も変わってきたんじゃないかな。

國分　いろんなことが変わってきているから。ここがスタートで、次にどこにいくか。ぼくは授業改革とか、授業を変えていくために、どういう視点をもてば変わってくのかっていうところだと思う。

藤本 希望を見ました。ありがとうございました。

一同 ありがとうございました。

（まとめ　小田智博）

2 教師は「通知表廃止」をどう受け止めているか

「通知表廃止」は教師一人一人に大きな課題を投げかけた。第2節では、初任時から香川小だった若手教員から、さまざまな経験を積んできたベテラン教員まで、5人の教師たちに通知表をめぐる議論の中で掘り下げていった「評価」に関するそれぞれの思いや評価観を語ってもらおう。

評価に対する自己の意識の変化

大町奈津美（教職6年目、香川小6年目）

わたしは「通知表ってなくてもよいものなの?」という状態からのスタートでした。通知表のあり方の見直しが始まった2019年度は教員になって3年目でした。当時、所属していた校務分掌のグループ内で「通知表という形は、はたして本当に子どものためになっているのか」「通知表を廃止するというのはどうだろうか」という議論が生まれ、思ってもみなかった発想に、非常に驚いたことを覚えています。

学習評価とは、自身の指導や子どもの学習の改善、学習目標を達成していくために学習状況を見ていくものであるのに、通知表をめぐる協議前のわたしを振り返ってみると、しかるべき評価からは少し離れていたと反省しています。

単元の最後に当たり前のように行っていた市販テストは、評価の代表格だと思っていました。子どもたちのおもに知識・技能面が数値化され、明確に通知表につながる、いわば〝安心材料〟でした。しかし、評価研修会を通して、「この内容のテストは学習を評価するうえで適切か」「この単元の最終着地点はそもそもテストでいいのか」など、テストのあり方や授業の単元計画を、以前より吟味できるようになったと感じています。また、〝通知表（総括的評価）があるから〟とわたしはテストを大まかに見ていたようにも思います。テストの位置づけを捉えなおしたことで、形成的評価をより意識することができ、自分の中で、子どもたちの学習状況を以前よりも細やかに把握しようという意識改革が起こり、指導の改善にもつながっていると感じています。

通知表に関しては、例えば、国語の知識・技能について、〝十分達成している〟の欄に丸がついている場合、すべてにおいて達成していると伝わってしまうことがあります。しかし、十分達成しているものの、通知表の丸の位置だけでは、「〝十分達成している〟が、表現の技法の理解については不得意さもはらんでいる」というようなことまでは伝えきれません。通知表以外に、もっと学習状況を伝えられる方法や、子どもが学ぶ楽しさを感じられる評価の表現方法はないかと学校全体で模索しています。

その中で、パフォーマンス評価やポートフォリオ評価は、教員と保護者がより子どもたちを見取っていくことができる一歩になるのではと考えています。子どもの学力や学習の実際を把握したいとき、教員は学びの可視化を工夫する必要性がありますが、以前のわたしはテストなど一定のものだけに頼っていたような感覚があります。テスト以外の成果物や学びの過程も評価してはいましたが、総括的評価のための材料集めという側面もぬぐえませんでした。評価のために評価を……という本末転倒な捉えです。以前は、子どもたちが実力を発揮している場面に評価のタイミングや方法を合わせていくという感覚もなかなかもてていませんでした。しかし、こうした感覚を得られたのも、通知表の是非を問う議論により、評価に向き合うことができたからです。

評価の表し方が変化したことによって生まれる課題や疑問には、つねに向き合っていかなければならないと感じています。個人内評価の質が上がったとしても、子どもは競争社会で生きていけるのか。保護者にとって、本当に子どもの成長をつかめるものになっているのか。成果物等に対する教師のコメントの回数や量が増加しているが持続可能なのか。

子ども、保護者、教員のそれぞれの視点から見て課題があるのは事実です。わたし自身も通知表をもらってきた立場でその良さを感じているとともに、通知表には大切な意味があって存在しているとも考えています。ただ、その〝大切な意味〟を知らずに通知表に絶対的な信頼を置いたり、評価について何も考えなくなったりすることは、子どもを見取る教員の責任をないがしろにする危険性があると感じました。

通知表からの変化を選んだ学校の一員としても、より評価に向き合い、課題や疑問の解決に努め、子どもと保護者の評価に対する理解につなげていきたいです。

「あゆみ」のもつ存在意義を考える

香川 恵（仮名）（教職14年目、香川小学校2年目）

わたしは昨年度、香川小学校に着任しました。「あゆみ」が廃止になってから2年目の年です。廃止に至った経緯やその目的や思いを100％共有できているわけではありません。子どもたちや保護者にとっては「『あゆみ』の評価だけに目を向けず、また、ほかの子と比べることなく、その子自身の成長を大切にできることを願って」、教師にとっては「評価のための学習ではなく、子どもたちの成長に本当に必要な学びを考える」ということがその大きな目的であると認識しています。その理念には共感できますが、香川小学校の取り組みには大きな戸惑いと不安を感じているというのが、正直な思いです。

昨年は1年生、今年は6年生を担任しています。わたしがとくに感じるのは、学期末に余裕が生まれ、最後まで子どもたちをきめ細かく見取り指導ができるという点です。「あゆみ」があった前任校までとは大違いです。

また、香川小学校の運動会では色別の順位づけをやめ、「自分たちの目標記録を達成すること」に主軸を置いた運動会に変更しました。昨年、ある学年では全員リレーに取り組んでいました。結果発表では、すべてのクラスが目標記録を更新し、子どもたちが歓声をあげて大喜びする光景が印象的でした。既存の運動会では、喜べるのは1位、2位のチーム、それ以外は悔しい思いをするという構図がお決まりですが、「全員が自分の成長を喜べる」という点においては、こういう方向性の運動会もよいなと思いました。

しかし、香川小学校が目指す「自分の成長の大切さを伝える」ということは、「あゆみ」があってもできると思っています。わたしは、「あゆみ」を渡すことには一定程度のメリットがあると思っています。そもそも、「あゆみ」はだれかと比べるものではありません。「あゆみ」は教師によって表された評定や所見によって、子ども自身が自分を振り返り、さらなる成長へと向かう意欲をもたせるものです。また、評定や所見は、教師にとっても、一人一人の子どもをしっかりと見取れているかを確認し、次に活かすという役割も担っています。それらのメリットに比べて、「あゆみ」がないことのデメリットのほうが大きいのではないかと疑っています。

香川小学校が目指す、「子ども自身が自分の成長を大切にできる子を育てる」ことは、「あゆみ」があっても実現可能なのではないでしょうか。もし、「あゆみ」の存在意義が子どもや保護者に伝わっていないのであれば、その説明をしっかり行うべきです。教師が伝え方を工夫したり、諦めずに伝え続けたりすること（これが非常に難しいのですが……）で、香川小学校の目標により近づいていくのではと思っています。「あゆみ」を渡した瞬間に、子どもたちに日ごろから伝えてきたことがすべて失われるなどということはないと思います。「あゆみ」をもらったその場では「うれしい」「残念」など悲喜こもごもあると思いますが、教師が「あゆみ」を渡すまでの半年間で伝え続けた言葉は、子どもたちの中に生き続けるのではないでしょうか。大人になった過去の卒業生12人に聞いてみましたが、12人から「小学校の成績の良しあしで人と比べたり、優越感や劣等感を感じたりすることはなかったし、周りにもそういう子はいなかった」という旨の返答をもらったことからもそう思います。

そして「人と比べない」という理念を大切にするなら、所見欄は残してあげたいとも思っています。卒業生たちも「自分ががんばったことを認めてもらえて励みになった」と話しています。担任からの所見が残ることで、過去から現在までの確かな成長を感じている卒業生もいます。

「子どもたちにとって本当に必要な学びを」という点においても、同じように考えています。香川小学校では評価をやめたわけではありません。「あゆみ」があってもなくても、評価をつねに意識しながら取り組むことに変わりはありません。「あゆみ」を廃止することによって、どうしても「指導と評価の一体化」の意識が薄れてしまいがちです。とくに、経験の少ない先生方で、「どのように評価をしたらよいかわからない」と悩んでいる方もいます。それは授業力の低下を招く一因になりかねません。

そもそもとして、「人と比べること」による成長もあると思います。「あゆみ」が欲しいという子に理由を聞くと「客観的に、自分がどのレベルであるか知りたい」と話していました。「ほかの人と比べて」という外発的動機付けから学習に取り組み、「もっと知りたい」という内発的動機付けに移行することもあるはずです。

これまでの「あゆみ」がこのままでよいとは思っていませんし、子どもたちが自分の成長を大切にできないという現実があるのなら、それは改善するべきです。しかし、専門職は一般の人たちと感覚がずれやすいと聞きます。子ども、保護者、学校の思いがずれたとき、学校教育は崩れていきます。「あゆみ」を廃止したことは、子どもたちや保護者の思いをないがしろにし、教員の独りよがりになっていないか、最善の策なのか。加えて、コロナ禍で学校の存在意義が問われている昨今、教育課程の編成権は学校にありますが、子どもや保護者の思いをしっかりと受け止めながら、どのような取り組みを進めていくべきか、今後も考えていきたいと思います。

新たな挑戦と試行錯誤の日々

崎尾大輝（教職4年目、香川小4年目）

わたしは現在、教員生活4年目で、昨年度までの3年間は高学年の担任を任されてきました。日々先輩の先生方たちに助けてもらいながら、自分の教師像を少しずつ見つけてきている状況です。まだまだ胸を張って語れる立場ではまったくないのですが、そんなわたしのこれまでの素直な思いや、試行錯誤を重ねてきた取り組みについて、書かせてください。

大学を卒業して、初めて担任になった年に、香川小学校では通知表についての話し合い（評価研修会）が行われていました。自分が実際に通知表を作成し、子どもたちに渡す経験がなかったため、その話し合いの内容は、正直に言うとまったくわかりませんでした。しかし、初めて通知表を作成し、子どもたちに手渡し、それを見た子どもたちの反応を見たとき、この話し合いが行われる理由が少しわかった気がしました。その翌年、新たな挑戦が始まりました。

新しい取り組みが始まったとはいえ、何をどうしていけばいいのか、どう伝えていくのか、どう授業をしていくのかなど、わからないことだらけでした。評価研修会のたびに、いろいろな話を聞き、自分の授業や評価を見つめ直し、実践を重ねていく、そんな試行錯誤の日々で、正直不安もたくさんありました。それでも、通知表を渡したときの子どもたちの表情、その後の「どうせ成績上がらないもん」と言わんばかりの子どもたちの様子、もちろんすべての子どもたちがそうであったわけではないですが、わたしが新たな挑戦に踏み出そうと思うには、十分すぎるきっかけでした。その時の気持ちを胸に、先輩方とともに、挑戦し続けることを強く決めました。

実際に、評価を考えると、いろいろな点が自分には足りていなかったと反省しました。評価の方法を変えればいいという話ではなく、日々の授業の見直しから取り組みました。市販テストをするための授業、市販テスト上だけでの観点別評価をしてしまっていたこともありました。そうではなく、子どもたち一人一人の努力を日常的に見取ること、日々成長を実感できることに焦点を当て、いくつかの方法で子どもたちにアプローチしてきました。その中で、ノートづくりに価値を見いだし、見直しはじめました。

ノートづくりについて深く考えていくと、さまざまな魅力が見つかりました。一人一人の日々の努力を感じることができる、個性を認めることができる、思考力・表現力が伸びるなど挙げたらきりがありません。そして、ノートはテストなどとは違い、友達と共有できるもので、お互いに友達の良さに気づき認め合える空気、助け合いや協力が授業の中に生まれはじめました。そして何より、勉強ができる・できないの優劣がそこには存在しません。自信をもって取り組む子どもたちが日に日に増え、「ノートづくりを意識するなんて普通にだれでもやっているだろ」と感じる方もいるかもしれませんが、意識を変えるだけで、一つの方法として確かな手ごたえを感じ、意識や見方を変えて取り組むことが大切だと気づきました。

新しい取り組みが始まって3年目、子どもたちと過ごす日々で、試行錯誤が続いています。「これだ！」と思った実践でも、うまくいかないこともたくさんあります。そんな刺激的な日々で、どうしていくべきか、つねに考え、実践し、確かめ振り返ることを忘れずに、挑戦し続けていくことが何よりも大切なことだと思います。職員で足並みをそろえて、チームとして一段一段ステップアップし、学校全体を共に高め合い、認め合える場所に、もっとしていきたいと思っています。

多様性を育む評価を

三堀あづさ（教職27年目、香川小6年目）

わたしは教師になったときからずっと、思いやりの気持ちや優しい心、また協力して学んでいく態度を育てたいと思ってきました。クラスではグループ活動を重視し、うまくいかないときは相談し合い、手伝ったり待ったりしながら学習を進めることに意識を向けていました。グループ学習に熱心に取り組んでいくと、子どもたちは、お互いに協力し楽しんで取り組んでいくようになっていきます。そして必ずしもうまくいくことばかりではありませんでしたが、仲間同士の関わりが増え、多くの場合、知らず知らずのうちにクラスが仲良くなっていくように感じていました。

その中で、印象的だった出来事があります。一部の子どもがグループ学習に不満をもつということがあったのです。そのときは自分たちの調べ学習の結果を記事にしてポスター発表をするという取り組みをさせていました。でも、グループのメンバーすべての子が積極的に取り組むなんてことはありませんし、中には何もしないという子もいました。ある日、Mさんが「Kくんは何にもしてくれないし遊んでばかりだから、もう一緒にやりたくない」と訴えてきたのです。でも「自分が上手にできることだけがこの学習の目標ではないよ。それなら一人ずつレポートを書けばいいでしょう。うまくできない友達に何ができるか考えてあげたり一緒にやってあげたりすることで、あなたの協力する力が身につくのですよ」と伝えました。Mさんは何にもしないと言っていたメンバーのために、下書きをして清書を頼んだり挿絵を描くことを提案したりするようになりました。遊んでばかりだったKくんは、Mさんに励まされグループ学習に取り組む姿が見られるようになりました。わたしはMさんのグループに対する関わりの変化に心の底から感心したものでした。ところが評価をするときにふと考えたのです。Mさんはグループ学習を通して素晴らしく力を伸ばしたので、ぜひ成績に反映させたい。でも、評価項目でいうとどれをAにすればいいのだろう、と。

当時、わたしはMさんの能力をうまく評価することができずにいましたが、振り返ってもう一度考えるのです。Mさんのこのグループに対する協力の姿勢や、相手の得意なことを考えて提案する力などは素晴らしい。社会に出たときにこそあらゆる場面で求められる大切な能力であることは疑いようがない。しかしながら、それを成績に反映させる項目はあまりないのではないでしょうか。態度の評価をAにすることはできるでしょう。

でも思うのです。仮にひとりの子どもの「関心・意欲・態度」（当時の評価項目）がAで、その他の読解力や作文の力・言語の力などがBだとしたらどんな能力をもっている子どもだと思うでしょうか。それとは逆に、ある子どもの態度の成績がBで、読解力や作文の力・言語の力などがAだったらどうでしょう。このふたりの能力は、前者はやる気だけは一生懸命な普通の子どもで、後者はとても優秀な子どもだ、という印象をもってしまいます。つまり、成績を見るときに意欲があることや態度が良いことはそれほど重要ではなく、それぞれの項目ごとの「知的な」成績が優れていることが望まれているのではないでしょうか。わたしは長いあいだ教師として成績を付けているうちに、自分でそのように思うようになっていたことに気づいたのです。そして子どもたちや保護者のみなさんも、さらには世の中の多くの人がそのように感じるのではないかと思うのです。1991年の指導要録改訂で「関心・意欲・態度」が全教科の観点項目のトップに位置づけられましたが、それでも「学力」というと知的な能力だという固定観念は払拭できていません。多くの人の感覚として知的な能力のほうが意欲や態度よりも優位に位置づけられているのではないでしょうか。

この知的な能力は点数を付けることで測ることができるので、成績といえば普通は数値化された評価のことを指すことがほとんどだと思います。近年、教師には説明責任が問われるようになり、昔に比べて評価の出し方にも公平性や客観性がより求められるようになってきました。教師も人間ですから、厳しく問われるようになれば対処法を考えます。より公平に客観的に成績を出すとすれば、より数値化しやすい学習やテストなどを教育の現場に導入していくでしょう。実際わたし自身ここ数年のうちに、より客観的に成績を出すためにさまざまな活動を数値化できるように取り組むようになっていました。

しかしながら、数値化された評価は順位づけができるため序列を生み出すと思うのです。数値化できる学習が多いため、子どもたちにもだれが良い成績をもらっているかがわかります。そうなれば一番頭がいいのがだれで、自分はどのぐらいの順位にいるかが気になります。「知的な」あるいは数値化できる学習が得意な子どもや保護者は優越感を感じるようになるでしょうし、得意でない子どもは劣等感をもつようになるでしょう。自尊感情を保つために場合によっては自分より成績が下の人を探したり、成績で勝てなければほかのことで自分より下の人を探したりするかもしれません。この成績による序列の中では差別が生まれやすいのではないかとわたしは思うのです。この小さな頃からもつ漫然とした差別意識や優越感・劣等感は、やがて大人になって社会に出たときにも暗い影を落とすのではないかと思っているのです。数値化された成績表を渡すことは、決して子どもたちのためになっているとは思えません。

学力に「生きる力」や「人間力」などの考えが加味されるようになりましたが、成績と人格があたかも関係があるかのような錯覚も起こりがちだと思っています。数値化された成績が良いことがことのほか大切に扱われ、成績が良ければすべて良いように思ってしまう。本来もっと大切にされるべき人格等が重要視される機会は本当に少ないように思います。だって、知的な学力は数値で通知され、人格やさまざまな能力は成績表には載らないのだから。けれど、そうはいっても成績でその人の能力を網羅的に評定することはできません。そもそも「生きる力」や「人間力」も、あらゆる能力や考え方などを含んだ言葉です。わたしのイメージでは、人にとって大切な能力は平面上に点在する無数のさまざまな能力のことのように思います。決して順位はつけられない多様なものです。変化に対応するこれからの社会で求められる必要な力は、知的な学力だけではなく、さまざまな他者を尊重し新しいアイデアや挑戦を受け入れる柔軟性でもあると思います。それらの力を伸ばすためには画一的な項目によって評価されることなく、多様性を最大に認め評価していくことが大切だと考えます。

わたしたちは「あゆみ」を廃止し、子どもたちのがんばったこと、チャレンジしたこと、優しくしたことや協力したことなどをできるだけ言語化して子どもたちやその保護者に伝えるようにしています。子どもたちは他者と比較することなく、それぞれのアイデアや得意なことを存分に伸ばしたり発揮したりして、さまざまな能力を開花させるでしょう。そうやって成長していったかれらはきっと、優しさや人柄が最大に評価され、差別のない人間関係・社会をつくっていくことと信じています。

子どもの学びに応えること

山田剛輔（教職18年目、香川小学校5年目）

わたしは、子どもの頃から勉強が苦手で嫌いでした。中学校卒業まで、「なんでこんな勉強をしているのだろう」と、学ぶ意味が見い出せず、成績も良くありませんでした。「自分は勉強ができない人間なのだ」と思って、日々を過ごしていました。高校に入り、あることに気がつきました。「単純に知識を覚えればいいだけなんだ」と。それからは、成績が良くなりました。しかし、そのとき覚えたはずの知識は、跡形もなく自分の中から消え、今、思うと、高校時代から、学ぶことを本当にやめてしまったのだと気づきました。この仕事に就いてから、子どものために自分にできることは何なのかを考えて、たくさん教材研究（勉強）をしてきました。そこでの勉強は、それまでとはまったく質の異なる「勉強＝学び」でした。だれかの役に立つ学びは、心地よく、初めて学ぶことの愉しさを味わいました。そして、今、香川小学校の評価改革に携わる中で、自分の力が活かされているという経験をしていると、なおのこと、学び（学力）は、個人の能力だけではないようにも感じています。

自分の原体験から、仕事に就いたころからずっと、通知表には懐疑的でした。しかし、やらねばならぬものとして通知表は存在し続けていたため、何とか子どもにとって意味のあるものにしようと、所見欄に子どもの姿をたくさん記述して保護者に伝えてきました。思いや願いを込めた言葉は、きっと子どもに届いていたと信じています。しかし、通知表がある以上、成績を付けなくてはなりません。そのための市販テストも実施します。そのたび、テストと授業内容との乖離に違和感をもったり、「そもそもこのテストで本当に子どもの学力を測れているのか」という疑問をもったりしました。とはいえ、結局、通知表用に総括的評価を下すための資料として客観性・妥当性・信頼性があるものはテストの点数だろうと、点数を入力して自動的に成績がつく仕組みを使ってしまっていました。これまでにも、パフォーマンス課題に取り組んできましたが、それはあくまでもテストの点数＋αの要素として存在しているにすぎませんでした。しかし、通知表をなくしたことで、市販テストに依存せず、「何で子どもの学力を測るのか」をより吟味するようになりました。「通知表があっても、できることなのでは？」と思われる方もいるかもしれませんが、少なくともわたしが経験してきた学校では、授業で質の高い学びを実現しようと取り組んでいても、成績を付けるとなると、テストの点数に比重が大きくなることが多くありました。総括的な評定にしばられなくなったおかげで、子どものパフォーマンスをきっかけにして、子どもの学びを見取って（評価して）、それを保護者に伝えていくことの価値が高まったと思います。

通知表がなくなり、「学校の中で一番大事な仕事は何なのか」を同僚と共有できました。それは、日々の授業と子どもの見取りを充実させることです。昨年度は、学年でパフォーマンス課題を設定して「何で学力を測るのか」が共有され、そこに至るまでの方法は担任の創意工夫を発揮できました。成果物をポートフォリオに綴じて、毎回各教科の評価基準を示し、定期的に保護者とポートフォリオファイルを往還することで、日常的にフィードバックでき、子どもの学習状況を保護者に伝えることができました。こうした日常を大切にできるのも、通知表がなくなったことが大きいです。とくに、8月・9月・2月・3月は、通知表作成に膨大な時間をかけていました（わたしは80～100時間程）。しかも、その多くは、勤務時間外です。そんな中で、日々の授業をしっかりとつくり、丁寧に子どもを見取ることができるでしょうか。「仕事のやり方次第だ」という声も聞こえてきそうですが、少なくとも、わたしの実態はそうであり、周囲の人の多くも、子どもたちのために労を惜しまずに、膨大な時間をかけて、通知表を作成していました。
わたしは、通知表がないからこそ、これまでの書式や内容にとらわれることなく、「どんな伝え方が子どもの学び（成長）にとって大切なのか」「どのように保護者に伝えたら、子どもの学び（成長）につながっていくのか」を問い直すことができていると思っています。

通知表の有無については、賛否両論があることです。反対意見を真摯に受け止めながらも、大人（社会）の一般的な価値観をぶつけ合っていても仕方がないと思っています。それぞれの考えがあってよいと思っているからです。それをすぐに変えようとは思っていません。今を楽しく学んで生きる子どもたちが、未来を変えていくと考えると、今を変えていくことの重要性がわかります。よりよい未来を展望しながらも、今、香川小学校の子どもたちが確かに楽しく学んでいる(成長している)姿が何よりのエビデンスとなります。「子どもの姿の何をどこまでどのように、保護者に伝えていけばよいのか」は、まだまだ改善の余地が残されています。だから、通知表の賛否ではなく、保護者から「どんな伝え方が子どもの学び（成長）にとってプラスとなって働くのか」という建設的でポジティブな意見を聞いて、それに応答していきたいです。ただ、はっきりと言えることは、今年度のわたしのクラスは（1年生）、とにかく毎日学校に来てみんなと生活をつくっていくことが楽しくてしょうがないという姿があることです。これは、紛れもない事実です。目標に準拠した評価をしながらも、それだけでは測ることのできない子どもらしさのよさやすばらしさを認め、子どもたちとともに生活と学習をつくっていっているからだと思っています。

最後に、教育現場（学校）は、社会や保護者の要望に真摯に耳を傾けながらも、子どもが確かに楽しく学んでいることを保障していることを子どもの姿で語ることが大切だと考えています。通知表があったほうがよいかどうかという議論ではなく、「どういう授業と子どもの見取り（評価）をしていくことが、子どもの学び（成長）につながっていくのか」「それをどうやって保護者に伝えていくことがよりよいのか」等を、子どもの教育に携わるみんなで対話して、生み出していけたらと思います。

3 「保護者アンケート」に寄せられた意見を今後に生かす

國分一哉

２０２２年11月の終わりに、学校としてお願いしている学校評価アンケートとは別に、校長（國分）からのお願いとしてアンケートを実施しました。12月の個人面談前というタイミングでした。回答を得る側が何を知りたいか、どう次につなげていきたいか等、アンケートには問い方の難しさがあります。今回は、３年目を迎えている「通知表廃止」や教室の混合配置について、どのくらい学校側の思いが伝わり、賛同を得られているのかを校長として知ることを目的としました。

今回のアンケートは３点。①通知表廃止、②教室の混合配置、③運動会について、「１　賛同する／２　どちらかといえば賛同する／３　どちらかといえば賛同しない／４　賛同しない／５　わからない」の５択で回答をお願いしました。この回答法が、最善かはわかりませんが、自由記述欄も設けて意見が書けるようにもして実施しました。

①２０２０年度より、学期の終わりに総括的評価をお知らせしていた『あゆみ』をやめ、

形成的評価を個人面談時や日常の中で保護者の皆様に伝えるように変更しています。子どもたちが、他者と比べるのではなく、自分を振り返り、自己肯定感を高め、個々の学習意欲に繋がることを願って取り組んでいます。通知表がないことについてお尋ねします。

②2020年度より、1年生と6年生、2年生と5年生が隣り合う教室配置としています。日常の生活の中で、異年齢の子どもたちのかかわりが生まれることを願い、学校教育目標の「互いに認め合える子どもの育成」を目指す一つの手段として取り組んでいます。教室の混合配置についてお尋ねします。

③2020年度より、運動会の取り組み方が変わっています。各クラスが立てた目標に向かって協力や努力をし、運動会当日を迎えます。徒競走で個人が競い合って上位の子に得点を与えるという今までの形をやめて、すべての子が笑顔になれる運動会を目指して取り組んでいます。運動会についてお尋ねします。

以上の質問で答えていただきました。家庭数793、回収474、回収率60%でした。その中から、ここでは「①通知表廃止」に絞って、概要を説明します。

表1のとおり「①通知表廃止」の結果は、肯定的4割、否定的5割となっています。こ

表1　保護者アンケート結果

	全校					計
項目 ＼ 回答	1 賛同する	2 どちらかといえば賛同する	3 どちらかといえば賛同しない	4 賛同しない	5 わからない	
①通知表廃止	15%	23%	26%	25%	11%	100%
	38%		51%		11%	100%
②教室の混合配置	67%	21%	5%	3%	4%	100%
	88%		8%		4%	100%
③運動会	22%	28%	21%	20%	9%	100%
	50%		41%		9%	100%

の2年間、担任は面談や日常の評価を伝えることで保護者の質疑に応答する機会はありましたが、学校として、通知表廃止について学校説明会や懇談会等で校長が直接説明する機会をもつことができませんでした。コロナ感染症の影響を理由にしてしまうのは違うかもしれませんが、校長としては反省をしています。香川小学校として、この結果を真摯に受け止め、足りなかった部分、改善しなくてはならない部分を共有し、取り組みを前進させなくてはならないと考えます。わたしとしては予想以上の賛同のご意見をいただいたことに感謝しています。

　通知表廃止について、150件ものご意見をいただきました。忙しい日常の中で、これだけ多くのご意見をいただいたことがうれしかったです。ここではまず、賛同するご意見の一部を紹介します。

「通知表は、1枚で良しあしが見えますが、ポートフォリオにまとめていただいていることで、各教科のプロセスがわかり、面談で先生と話すことで学校での様子がわかります」

「通知表に比べて学習の様子が具体的によく伝わってきます」

「通知表で小学校段階から『あなたはこれができていない』と伝え自己肯定感を下げることは本当によくないと考えるので、賛成です。勉強は『成績のためにやる』ではなく『学ぶこと、成長することの喜びを感じるためにやる』と考えます。勉強ができないからおれはダメなんだと感じてしまっている子があまりにも多いように感じています」

「小学生の間は、だれかに評価されるのではなく、自分で何をがんばったのかを書いてくれるので、こちらも子ども自身が何をがんばったかを知ることができるので、ほめやすい。子どもががんばったことと先生の評価のギャップにもモヤモヤしない」

「小学生はまだ白紙で、可能性にあふれています。この時期をどのように過ごすかがとても大切であると思います。総括的評価をするから、子どもが他者と比べてしまうのではありません。総括的評価の表面しか見ない大人が、子どもに不適切な言動をするからではないでしょうか。変わるべきは、子どもの周りで関わるわれわれ大人ではないでしょうか。

われわれ大人の浅はかな理解のはるか上を子どもたちは進む力がありますから」

「通知表がなくなって、最初は不安でしたが、今は日常の過程を見てがんばっているところをほめてあげられるようになりました。努力している過程が大切と言いながら、通知表の結果で判断していたんだと気づけたので、今のやり方になってよかったと思います」

「通知表がなくなって、最初は戸惑いましたが、今年になって初めてなくてもよいかもと思えるようになりました。夏前の個人面談では、教科ごとに得意なこと、苦手なことを説明してもらえて、今伸ばすべきところと課題がわかりやすくて、通知表よりも濃い内容を知ることができました」

「学習については、個人面談や日ごろのテストプリントなどで何が得意で何につまずいているのか知ることができるので、今までの『あゆみ』の形にとらわれなくてもよいと思います」

「通知表の言葉はわかりにくいと思っていたので、通知表がないことに賛成です。ただ、具体的にどの単元が得意なのか、苦手なのかがわかる何かがあるとよいと思います。紙1枚でもいいのでそのようなものがあると家で話題にすることができます」

「新しい取り組みには賛同します。修正しながら、進んでいけばいいと思います」

「もともと点数うんぬんではなく、その現状をどう次に繋げるかという考えのため、通知表の廃止に対しては賛同しております。正解がない中で、いろいろと模索しながら指導等をしていただいている先生方に感謝しております」

「小学校は、『人』として成長する土台になるかと思っています。その小学校で香川小の取り組みはとても理想的だと感じています。家で『人と比べなくてよい。あなたはあなたのままでよい』と子どもに伝えても学校が競い合う環境ですと本人が混乱してしまうと思います」等

わたしたち教職員がどのように子どもたちを育み、どのような願いをもって通知表の発行をやめたかを受け止め、応援してくださるご意見をいただき、この取り組みをさらに前進させようと感じました。まだまだ多くのご家庭に理解をされたというアンケート結果ではありません。今後、保護者とともにこの取り組みを進めていくためにわたしたちは何を発信し、どのような関係を作っていくことが大事なのかを全職員で考え、共有していかなければなりません。わたしたちは、評価の伝え方の模索を止めることなく、授業改善・学習評価のあり方を考え、学校改革に取り組んでいきます。

次に、否定的な意見をまとめると、左記のように集約されます。

・中学校では、他者評価が評定であらわされ、高校受験に大きく影響する。そんな中で小学校の時から、ある程度他者を知り、自分を知ることが必要。それがないと中学校での戸惑いが不安。
・今後、世の中はずっと競争社会、それに負けない力が身につかない。
・中学校では、評定がつくのでその練習もかねて、高学年では、今までのような通知表をいただきたい。
・子どもの得意・不得意がわからない。できなければならないことが、どの程度できているかがわからない。
・子どもの学習意欲が下がる。通知表のためにがんばるでもいいのではないか。
・見える形で記録を残してほしい。個人面談（口頭）だけではわかりづらい。他の家族との共有もできにくい。子どもと後で振り返ることができない。
・先生からのコメントがほしい。書面に残ることで、子どもにとって良い影響がある。
・個人面談や伝え方の先生の差が大きい。統一したものがあったほうがよい。
・今までの「あゆみ」を求めていないが、わかりやすい良質な通知表へと改善してほしい。

等

このようなご意見がありました。

先にも述べたように、通知表をなくしてから3年が経過したこの後、保護者の意見を受け止めながら、この取り組みを前進させなければと考えています。そのためには、わたしたちの考える授業のあり方、評価のあり方、そして子どもの変化を発信していくことが何よりも重要となってきます。

わたしたちは、今後も子どもたちの学校での学びについて、保護者とともに考えていきたいと思っています。子どもたちにとって学習が、評価のため、通知表のためではなく、自己肯定感を高め、学習することの楽しさを知り、自分のための学習となるように教室や学校を変えていこうと取り組んでいきます。通知表をなくしたことは、一つの手段です。そこから見えてきた学校のあり方。それらを一つ一つ考え、変化させることによって、これからの学校が、どのような子どもを育んでいくのか。多くの方々と考え続けていきたいと思います。

第3章

通知表のもつ功罪と向き合った小学校

慶應義塾大学教授　藤本和久

「通知表をなくす」ことが大きな「動揺」をもたらすのはなぜだろう。この文書の簡便さは「わかりやすい」という誤解だけでなく、素朴な競争主義信仰をまとい支持されている。教師の信念と保護者の切実な願い。賛否に分かれ、子ども不在になりがちな議論に子どもをしっかり置き直すことが必要だ。香川小学校の教師たちは何と向き合い、どう乗り越えようとしたのか。教育学者として、長年、同校の授業研究を中心に「伴走」し垣間見えたことをもとに整理してみよう。

1　教育評価論と通知表

「評価」という重圧

評価は何のために行うのだろう。そしてそれはだれが、いつ、どのように行うものなのだろう。学校教育現場に「（校内授業研究に関与する）外部者」として長く関わってきて、この評価をめぐるひとかたまりとなった問いは、あたかも解きがたい「禅問答」の切り札のように、たびたび授業をめぐって持ち上がることに少し辟易としているところもある。

研究会で興味深い実践報告を聞いていて、このような豊かで楽しい教室で学んでいる子たちは充実感があるだろうと感心することも多い。だがその後の質疑応答の場面において、だいたい「最後の質問」は、「先生は、子どもたちをどうやって評価されているんですか」であり、興が大ちどころに醒めてしまう。これは何も底意地の悪い質問を授業者に浴びせているのではなく、多くの同業者にとって「自分事」の切実な問いでもあるから、つい聴きたくなってしまうのだ。

探究的で斬新な実践を行っても、その良さはわかるが、評価はどうしていて、そして評定はどう付けているのだろう。そんな思いが教師ならずともすぐに頭をもたげてくるところには、いったいどのような前提が腰を下ろしているのだろう。

そしてこの問いかけは、誠実な教師たちが自身の教育活動にとって、あたかも安全装置のような機能も果たしている点も留意が必要である。一般に、教師たちは、自分の実践のオリジナリティを自賛することには控えめである。はたして独りよがりになっていないだろうか、同僚の教え子とくらべ成果に遜色がないだろうか、授業者の意図とは異なる次元で学びをモニターする保護者たちはどう見ているのだろうか、監督行政官たちは公定の教育課程との齟齬を見いだし糾弾したりはしないだろうか、と心配は尽きない。

人々に根付いた「評価」観

かつて、筆者の勤務する慶應義塾大学において、教職課程を受講する学生向けの公開講演会にて、香川小学校と同じ神奈川県内の小学校での実践について、当時教育行政職にあった西山俊彦先生がとても興味深い実践報告をしてくださった。ちなみに後に管理職となった西山先生も早くから通知表改革に取りかかり、所見欄を廃するなど職員と対話しながら進められた。この時の報告は、西山先生自身の現職中の実践で、1年生の子たちと「生活科」で朝顔を育てた時のエピソードである。

学年横並びで、支柱も整った朝顔の育成キットを購入し、校舎横の日当たりのいいところにずらりと並べて、決まった時間に観察して、観察日記をつける。春から夏にかけての典型的な展開だ。西山先生はこれにかねてより違和感をもっていて、一緒に学年を組んだベテラン教諭たちを説得された。あえて支柱などの付属キットを用いないで育てはじめたら、何が子どもたちに起こるかにじっくり付き合うことにしたのである。

発芽したあと、双葉から本葉へと着々と生長していく朝顔はついにつるを伸ばしはじめる。何とかしなきゃと子どもたちは気が気でない。日に1回の水やり観察では落ち着かず、頻繁に「わたしの」朝顔を見に行く。そのうち、支柱のようなものの必要性を感じた子が使いかけの鉛筆を添える。それを見た仲間も真似をする。あっという間に寸足らずになり鉛筆をセロハンテープや輪ゴムで継ぎ足す。四方に伸びて隣の子の鉢に伸びるのを防ごうと牢獄のように鉛筆や棒状のもので取り囲む子も現れる。てんやわんやのうちに季節は流れ、花が咲き、やがて種を宿して枯れていく。朝顔「亡き後」の子どもたちの鉢は、それ自体彼らの学びや気づきの足跡を物語るごとくとなった。建設中の建物のように継ぎ足された支柱は、だれ一人としてキット化された円筒形のものなど現れず、実に多様に並ぶ。そこに子どもたちの思考や判断や表現をみとる教師の仕事の面白さを西山先生は活き活きと語ってくださった。

研究授業後の講演会で語る筆者

その後の質問時間に、本学の学生から刺激的な問いかけがなされた。「とても興味深い実践報告をありがとうございました。さて、評価の件でお伺いしたいのですが、個々バラバラの朝顔へのアプローチと結果としてバラバラな姿になった鉢が並んで、はたして先生はどのように評価されるのでしょうか」。それに対して、西山先生は「逆にお伺いしますが、同じタイミングでそして同じやり方で朝顔を育てて、結果としてキットとしての同じ鉢がずらりと残ったところでどのように評価をすればよいでしょうか」と切り返された。

このやりとりは評価論的にはとても興味深いものである。質問者の学生は、評価の前提として、同じ条件で学んだ結果こそ評価の対象とすべきであるし、それによって相対的な差異が生まれたならそれを可視化することこそ評価（あるいは評定）行為の本意ではあるまいかと考えている。一方、授業者である西山先生は、子どもの一人一人の個性的な学びの過程と足跡こそ評価すべき対象と考えており、さらにいえば、全員同じ条件で学んだうえでその成果を序列化するような評価こそ子どもの学びを萎縮させるとすら考えているのがわかる。

教育評価の機能と通知表の意義

一般的に子どもの学びをめぐる教育評価の機能としては、選抜やアカウンタビリティの文脈で果たされる「外部証明機能」が注目されやすい傾向にある。だが、教育学でも、そして学校教育現場でも、自覚化され繰り返し確認されてきた教育評価の機能は、①子どもたちが自分の到達点や残された課題点を見いだすため、②教育者（授業者）が子どもたちの到達点をとらえながら授業実践やその前提となっている指導計画などを改善していくため、という2側面をもった「フィードバック機能」（次につなげていくという意図から「フィードフォワード機能」という場合もある）である。

通知表とはなんだろうか。通知票、通知簿、通信簿、あゆみ、家庭へのお知らせ、○○（たいてい学校名）の子、あしあと、など、俗称から地域統一名称に至るまで定まった名辞はなく、学校と家庭とのあくまでも非公式な連絡文書である。またどういう記載事項がこの連絡文書の構成要件なのかという決まりもない。つまり、発信してもしなくてもどちらでもいい文書である。だが、日常的・断片的に実施されている有形無形の「教師による」評価行為（筆記試験や提出物の見極め、授業中の意図的指名による応答など多岐にわたる）を総合的かつ簡便に可視化させるために、子どもの育ちのステークホルダーたる保護者たちに対し、一定の「外部証明機能」性をもったものとして発行されているのが実状である。

にもかかわらず、「表題」の違いこそあれ、出欠状況をはじめ、とりわけ学習の達成状況などが記号的に何らかの評語を用いて示される様式は広く共通性をもっている。これは、作成する学校・教師側では公的な表簿として記録し保存せねばならない「児童・生徒指導要録」の様式が念頭にあるからであり、通知表と指導要録は、記載のタイミングや頻度は異なるものの、その事項はかなりの共通性がもたせてあることが多い。

通知表には確かに結果主義的側面があるが、その票簿に記載される評定はいったいどういう意味が付与されることになっているのだろう。子どもたちは、その「結果」をどう「受けとめ」るのだろう。

通知表に表現される評定を示す「5」や「A」といった評語は、ある一定期間（たいていは「学期」）の、細分化された「結果」を逐一数値化して、合算して、時には観点・枠組みごとに重みづけの係数が数式上かかったりして導き出される。小テストの点数、単元末テスト(市販テスト)の点数、ノート・ワークシート等の提出物から対応するルーブリック(各単元の目標が評価規準として明示され、その到達・達成度合いをABCなどの評価基準で示されたもの)に照らし数値化されたもの、発表回数や自主学習(宿題等)の取り組みなど、実に多様な評価対象材料が収集される。それらを知識・技能の観点や思考・判断・表現の観点、さらには主体的に学習に取り組む(学びに向かう)態度の観点などに分析・振り分けし、記録される。そして、その観点ごとに評定・評語が与えられ、さらには教科としての評定・評語へと結実していく。つまりは、意味が異なるさまざまな数値を混ぜ合わせて計算した結果が評定・評語である。そのシステムを筆記テストとともに開発し提供する業者も多く、伝統的には先生方の「指導簿」(「えんま帳」などと揶揄されたこともある)に細かく記録されていた時代からすると飛躍的に「IT化」「自動化」が進んだ作業域といえるかもしれない。

国語が「4」や「B」や「○」などと示されて、はたして子どもは何を省察するだろう。「5」や「A」や「◎」ではなかった悔しさを覚えることはあるだろう。あるいは友人のだれそれは国語が「5」だと知り、それに比べて自分は、と落ち込む子もいるだろう。その悔しさがバネになって次学期は奮起するという「外発的動機付け」にはなるだろうし、現になってきた側面もあるし、その逆ももちろんある。

しかし、ここでもう一度「教育評価」の主要な機能を思い出しておきたい。①子どもたちが自分の到達点や残された課題点を見いだすため、②教育者(授業者)が子どもたちの到達点をとらえながら授業実践やその前提となっている指導計画などを改善していくため、の機能がこの評定に見いだせるだろうか。②は、評定そのものからは何も見いだせないが、実は子どもたちのさまざまな成果を振り返る際、つまり評定作業「過程」においては部分的に機能しているといえる。だが①はどうだろう。国語が「○」と与えられて、同学期にやった『ごんぎつね』や『詩』の学習をどう省察することができるのか。何がまだわかっていないから「◎」ではなく「○」なのだと自覚し、やるべき単元も変わる次学期にどういうことが新たな目標としてとらえることができるのか。つまり、「結果」として示される評定はなんら教育評価機能を充足していないことがわかるだろう。

「評定」に向けられた歴史的な論点

かつて京都府において「到達度評価」の導入が議論された頃、あくまでも「相対評価」(集団に準拠した評定)を批判する文脈で、通知表の評定が4点にわたって批判されたことがあった。それを簡単に紹介したい。

まず、相対評価の5段階評定の場合、5が7％、4が24％、3が38％、2が24％、1が7％という正規分布の方法や各評語20％ずつという均等割り付けする方法などがあるが、いずれにせよ、1や2という劣位の評定は確実に30～40％の子どもたちに付与されるという点が問題視された。この定員は授業が始まる前から用意されているのであり、言い換えれば、授業が始まる前から「できない」「努力を要する」子を一定数想定することになる。これは教育活動が学習者全員の目的達成を指向する営みであることと著しく矛盾する構えであるゆえ、相対評価に基づく評定は非教育的、時には反教育的な行為と批判されたのである。

2点目は、集団内での序列や順位を表すだけでは学力実態をとらえられないという批判である。算数の結果もクラス内のどのあたりにいるのかはおぼろげながら把握できるが、それがすなわち「通分」や「約分」の理解や運用の何に課題があったのか、それはすでに克服されているのか、などは何もわからない。これでは、学び手は省察のしようがない。

3点目は、排他的競争を生み出すという懸念である。自分が競争に勝って一つ上の評語を得ようとしたらその評語内に位置するだれかにその位置から退いてもらわないとならない。要は、いす取りゲームなのである。そのような環境下で、他者に自分の知りえたことやアイデアを伝えたりはおろか、共同で何かを創り出そうとする文化も生まれない。なぜなら周りは「蹴落とす」べき敵であり、だれかが浮いたらだれかが沈むゼロサムゲームだからだ。評定の仕組みが日常の学びの形態を変質させてしまう典型例といえる。

4点目は、保障されるべき学力や発達が見逃される、言い換えれば教師にはその責任が形式的に負わされない仕組みになっているという点である。いかなる授業を展開していても、子どもを序列化すればそれですむ評定方法であるからだ。学力や発達が保障されているのかがつかめない評定が通知表や指導要録においても記載が許されている以上、教師はその点で免責されてきたといえるのだ。にもかかわらず、それ以前も以降も、教師たちはわかりやすい授業に改変したり、興味がもてるよう教材の提示を工夫したりとまさに「良心」のみに依拠して教育活動を行ってきた。教師たちの抱える矛盾はさぞかし肥大化していたことだろう。

これらの批判のあり方はあまりに慧眼で、今もその意義が薄れることはないし、その反省から開発された到達度評価や「目標に準拠した評価（いわゆる絶対評価）」であっても評定そのものがもつ意味は何なのかを自己批判的に問う緊張感をもった論点であり続けていると筆者は解している。

2　香川小学校の取り組みの意義を理解するために

香川小学校の授業研究「史」のリアル

香川小学校の「校内授業研究会」への関与はもう10年以上になる。その間、4人の校長がこのマンモス校のハンドリングをされてきたが、4人に共通していたのは、授業研究の観察・事後協議の両方を絶えず重視されてきたことだ。筆者が関与している間、特定の教科研究を行ったことはない。絶えず授業を創り、みとり、語るということを大切にし、むしろそのあり方を追究してきた学校である。

2016年度の茅ヶ崎市教育委員会推薦研究発表会（いわゆる市指定の公開研究会）においては、主題は「学び合い育ち合う子どもの姿を求めて」であったが筆者に依頼された講演演題は「子どもの姿から『学べる』研究協議の実現—香川小学校の教師たちの経験と挑戦—」であった。公開研究会スタイルも斬新で、同僚たちがいつものようにざっくばらんに語り合う姿を他校参加者などが遠巻きに見守り、教師たちが今日の研究授業から何をみとり、それをどう語り合って、専門的に学んでいくのかという姿そのものを見せたのだ

（後半は外部参加者も含めて総合協議も行った）。それほど、授業研究を通じて教師たちが学ぶということはどういうことなのか、またそれはどのようにして実現しうるのかを追い求めてきた教師たちであり、その伝統は今でも息づき定着している。今日見た同僚の授業をめぐってくつろいだ雰囲気で老若男女が語り合い、自分事として引き取り、そして授業者と一緒に深く悩む姿は圧巻でもある。

もちろん、この授業研究文化もその定着まで先人の努力や紆余曲折もかなり折り重なっている。大規模校ゆえの合意形成過程の困難さ、そして困難がゆえに回数を重ねて、つまり有意義な授業研究を理屈よりも経験で重ねていくことでわかっていくというちからわざも必要になった。比較的若い先生たちを中心に研究推進チームが組織され、着任する研究主任も30代前半の中堅であった。長く研究主任を務めた辣腕の女性教諭は、どうやってベテラン層を巻き込むかにいつも悩みながら、「自分が研究の渦の中心になる」と積極的に授業を開いていた。また香川小学校で初任を経験し若くして研究主任まで務めて他校に異動した30代の男性教諭は、大規模校ゆえに次々と若手が着任するので「若手のチーム」も出来上がり、しょっちゅう授業のつくりかたについて相談・議論する機会があったことが自身のキャリア形成にとって意義深かったと振り返る。このような経験はなかなかほかではできないものだ。初任で4年生をもったこの男性教諭は、自分以外のクラスで「ごんぎつね」が5クラス同時展開していることにとても安堵感をもったと同時に、同僚の授業を見て学ぶという文化を当然のように内面化していったと語る。

そしてこのような前史をもちつつ、國分一哉校長着任後、授業研究のトーンを変えることはないまま、今回の通知表改革の議論が並行されたのである。筆者として告白すると、実はその並行された議論は一切聞かされてはいなかったのだが、あとから振り返れば、香川小学校の授業研究の充実は、学校における評価問題を呼び込むだけの必然性はあったといえる。

授業研究の歩みが開いた視点

授業における子どもどうしの関わりの中でどのような学びが展開し深まっているのか。子どもたちの固有名を協議の場に出しながら、教師たちは子ども理解と子ども「たち」理解を深めてきた。その意味で少なくとも授業研究の場では「個体能力(還元)主義」的な見方から解放されようとしていた。

個体能力(還元)主義とは、能力を個の所有物とみなす考え方であり、とりわけ学校で身につく学力は、個の中で定着・蓄積されていくものという見方はいまでも強固に多くの人々の評価観を縛っている。この発想は、筆記テスト等による数値化された量的把握の指向性ととても相性がよい。入学選抜のあり方も、（今や多様化しているとはいえ）個が所有している学力等を、他者と相談・対話することは許されず、大学などの選抜する側が設定した状況においてどれだけ再現・再生できるかが試されるものがまだまだほとんどである。

授業中に個々がどれだけ効率よく知や概念や技能を獲得していて定着させているのかということを客観的にとらえるために香川小学校の教師たちは授業研究を高頻度重ねてきたのではない。たえず、子どもたちの中に学び合いや関わり合いが起こるような仕掛けを教師は構想し、それによって子どもたちは他者を刺激したり他者に触発されたりしながら、実際はその場において何が創発されているのかを興味深く読み取ろうとしてきた。仕掛けがうまく機能せず、子どもが他者とうまくかみ合わなかったり各人の意見の吐露だけに終始したり一部の子だけが正解をとうとうと述べるだけになったりした授業展開になると、教師たちは手ごたえのなさを悔やんだ。たとえ仕掛けたとおりに進まなくても子どもたちがうまく関わり合い新たな発見をしていったときなどはその意義を積極的に見いだしてきた。

教師の掲げた目標のとおりに個が知識や技能を獲得しているかということだけにとどまらず、その場で共同的に何を創り出したことになっているのかを解釈することがすなわち授業をみるということに重なる。そのような「みとり」の眼（教育的鑑識眼）を養うことが授業研究のねらいと自覚されるようになった。このような視座にたったとき、個体能力（還元）主義はおのずと議論の後景に位置するばかりか、授業という営みと実態を適切にとらえるにあたり、阻害物とすら思えるようになったのは自然なことだったのではないかと筆者は推察する。

だが一方で、授業研究のもつ一回性（二度とは繰り返さない「その場」性）は、確固たる教材解釈や効果的な教授法の獲得を期待する教師、市販テスト等の筆記試験での成績にその成果を求め確認する教師にとってみれば、なかなかとらえどころのないあいまいな経験として意味づけられることも多かったと思われる。このせめぎあいと歴代の研究主任たちによる辛抱強いはたらきかけ、そして何より子どもの事実（子どもたちの見せた姿）から解釈協議を重ねる経験の継続こそが香川小学校での授業研究の歩みそのものでもあった。

通知表廃止の議論で気づかされた「信念」

通知表改革の議論のもつ性急さと授業研究により得られる手ごたえの遅さが、一連の改革で多くの戸惑いを生んだともいえる。通知表に象徴される数値化・評定作業をもって子どもの学びの成果を語ったことにしないとなったとき、教師の頭が代替物や代替作業の必要感に占められたのもうなずける。通知表を出さなくなったのだからそれに代わるものを何か出さねばならない、しかし、その材料（つまり評価材）は何になるのだろうか、と。たとえ評定をいったん保留にしたところで、評価の可視化を前提にした議論は、所見欄（記述評価）の充実や高頻度の通信の発行など、そのままなんらかの文書発信をせねばならぬという意識を誘発したという事実は非常に重い。

子どもの学びの履歴自体はノートにもタブレットにも各種ワークシート類にもさまざまな作品群にもすでに現れている。元来それらを見れば、教師はその専門性を持ち合わせるものとして今の子どもの学びの到達具合も思考の特性も読み取れるものである。だからこそ、教師たちは、それらに対し、直接であれ付箋転記であれ、赤ペンに代表されるようなツールで丁寧に応答コメントを発している。また子どもたちはその教師たちから得られるたとえワンフレーズ（「スイミーのさみしさがよくわかったのですね」や「溶けたアルミニウムは液体化したと考えたのですね」など）でも、それと個人的に向き合い、時には教師の意図を汲んだり、新たに仮説を立てはじめたりしている。これはもはや十分に教育評価機能を持ち合わせている営みといえる。また、「置き勉」（ある地域の子どもたちは学習材を持ち帰らないことをこう称する。その意味でタブレットが原則学校保管なのは痛恨の「置き勉」だ）でもない限り、時に保護者はわが子の学びの跡をノートなどに見ながら「わが子理解」を深め更新するに十分な情報を得られる。保護者にしてみれば、学習内容についてはその専門性から現時点での到達点はつかみ切れなくても、どのくらい前のめりで関心をもって臨んでいたのか否かははっきりわかるし、日ごろ家庭内では使用しないような水準の言葉を懸命に操ろうとしている姿にわが子の成長を見いだし感動することもある。

これだけリアルで日常的な教育評価がなされているのにもかかわらず、それではわからない、と常套句のように切り返されるのはなぜだろう。おそらく、教師も保護者も、評価の客観性や妥当性や信頼性といった諸条件を有するためには「簡潔さ」が必要なのだと思い込んでいるのではないだろうか。その意味で「評定」ほど簡潔なものはない。しかし、香川小学校の教師たちが気づいたことのうちもっとも大切なのは、その簡潔さではあまりに中身が空疎であるため、一人一人の子どもたちが自分の学びとその成果について大きく誤解してしまう弊害、時には自己を不必要に否定したり嫌悪したりすることの弊害、そればかりか、独り歩きの末、子どもたちの中に他者と学ぶことの意味を見失い排他的態度を形成してしまう弊害なのである。その気づきを踏まえてもなお、それに代わるできるだけ簡潔な代替物を発せねばならぬと受け止めた教師たちを批判するのは難しい。それほど、評価の簡潔・簡便な可視化という信念レベルの呪縛は一連の教育活動の中で根深いものになっていたということの現れでもあるからだ。

3　改革で迫られる実践レベルでの変容

日常的で「時間を要する行為」としての評価

これから香川小学校が向き合うことになる課題はいったいなんだろうか。

あらためて、教育における評価の基本は、いつも隙間なく教師の鑑識眼を通じて日常的になされていることにあるということを自他ともに肯定的にとらえなおす必要がある。評価は決して簡潔さ・簡便さが指向されるものではなく、元来時間がかかる「対話的」なものであることも引き受けねばならない。「一斉（一方的・独白的）」、「簡潔（断罪的）」な性質を求めると、必ず評価行為は形骸化し、意味が変質する皮肉を生み出す。

ゆえに、授業中のみとりや声掛け、ノートやワークシートを通じた子ども理解の深化、そして保護者や子どもとの面談の場で共有されることの質を高めていこうとする教師たちの営みはまったく間違っていないし、教育評価の観点に立ってむしろ本来的なものであるといえる。そして、これらの営みはどの一つをとっても、記号化された評語が独り歩きすることはなく、必ずストーリー化されたエピソードベースの語りにこそ支えられているも

授業研究協議会で卒直に批評し合う教師たち

のである。

医師が患者の状況を適切にとらえ言語化できることは、専門家としての鑑識眼が鍛えられ、それを専門外の一般の人々に伝わる言語を有しているということを意味している。教師も実践的な専門家であり、医師のそれとその構造はなんら変わらない。教師は、そのキャリアの中で、まさに教育的鑑識眼を磨き、みとったことを適切に言語化する経験の蓄積が求められている。

先述のように、香川小学校においては、エピソードをもとに子どもの学びをみとるという授業研究は長期間にわたる積み重ねがある。授業研究協議における着眼にも一般に優れ、それを健全に批評し合う同僚性にもおおむね恵まれてきたといえる。一方で、それは専門家集団の中に閉じた議論であったことも否めない。若手教員も急激に増えつつあることにもかんがみると、同業者集団だからこそ言わずもがなでわかり合えるレベルの同僚性は決して否定されることはなくとも、子どもの学びについて、深くかつわかりやすい言葉でとらえ合う場となることも目指されてよい。

目の前の子どもたちは、限られた時間（期間）しか小学校に在籍しない。いくら、評価そのものにも、さらには評価を適切に行うだけの教師の熟達化にも時間を要するといっても、気が遠くなるような時間設定をすることもできないし、どこかで単なる「方向目標」化して満足することもできない。だからこそ、この評価実践、つまり、みとりと語りに支えられた実践は日常化していくことが必要であり、季節的かつ行事的にめぐってくる授業研究の「本時」主義に尽きてはならないといえる。

他方で、目下の学校規模の大きさが強いる課題もある。学期や学年という短期に仕切られた節目のみならず、（小規模校なら自然に同僚間で、つまり学校単位で有せるような）複数年度にまたがり一人一人の子どもを固有名でとらえていく長期的な視野も学校全体としてもちうるか。進級する際の子ども理解に関する引き継ぎは、それこそ評定そのものである「児童指導要録」に集約されてしまうことのないエピソードベースの「語り」に支えられてほしいところである。

「テスト」文化を変えていく

評定文化が常識化している社会の中での通知表改革は内外に思わぬハレーションを生み出している。学級通信、始業式や終業式、チャイム、時には「壁」、これらがなくなってもこれほどのハレーションは生み出されない。内申書（調査書）との重なりの大きい中学校の通知表ならハレーションの大きさも理解できるところはあるが、小学校の通知表においても、そうはいってもやはり家庭の中で学校生活が話題となる数少ない契機をもたらしてくれるものとして機能していたのであろう。たとえその中身が、教育的意義も薄く、わが子の学力や発達の実態がうまくつかみきれない文書であったとしてもである。この現象がもつ意味を過小評価してはならない。適切な意味においての「教育評価」が正当な価値を認められ、さらには当事者や保護者と「共有できている」という感覚が生まれない限り、通知表の亡霊に教師たちは悩まされ続けることになるであろう。

では、適切な意味においての「教育評価」が実践的に機能するためにはどのような道があるであろうか。この改革において、もっともラディカルな意味は、評定に紐づいていた「(市販）テスト」の問い直しということになる。筆者は、香川小学校の通知表改革が、子ども同士の不毛な排他的競争意識の排除と教師の自律的な授業づくりの二点にその意図があったのだとすると、その「本丸」は「市販テスト」に代表される筆記テストの利用に関する問い直しにあったのではないかと受けとめている。つまり、通知表改革はあくまでも象徴である。学期に1回、時には学年で1回出される通知表がそこまで子どもたちどうしの関係性に影を落としているとは考えにくい。評定がなくてもテストという「簡潔さ」をもった量的指標が高頻度に可視化されたら、通知表改革で乗り越えようとしたことと齟齬が生まれることになることは多くの教師に気づかれている。

一般に、通知表に評定を記載するための評価資料として数値化された筆記テストが数多く用意される。当然、そのための時間はかなりの授業時間を食いつぶすことになる。授業そのものにかけられる時間は相対的に減少することになるばかりか、教師は、そのテストで何が問われるかを念頭に置いて、意識的あるいは無意識的にカリキュラムや授業を設計することになる。時に、授業の発問は、テストの設問の様相を呈することさえある。授業そのものが「テスト」化しているわけだから、教師の子どものみとりもテストの出来不出来とかなりの重なりを見せてしまうようになる。ワークシート上で展開していることも、教師との問答もほぼ「テスト」と同質である。子どもたちは別途時間を設けられてテストを受けていようとそうでなかろうと、授業そのものがテストで測られるような学力や学力差が可視化される仕掛けになっているのだから、他者への認識（友達のことをどう理解しているかなど）も、だれができる、自分はどうか、というものに縛られるのも不思議ではない。やや悲観的かつ戯画的にテストと授業実態の関係を述べてみたが、あながち浮世離れしたストーリーだとも思えない。

安易な解決法は、あらゆる筆記テストを完全にやめてしまうというものであろう。そうすればかなりの授業時間も創出されるに違いない。だが、20人半ばから40人弱までの子ども一人一人の学びの現況を適切に把握しきるのは至難であり、また、定着の様相やそれらをもとにして発揮されるパフォーマンスを知りうる手段は何らかの形で保持されているべきだろう。

授業の自律性を脅かすテスト、つまり、授業でリアルに学ばれたり話し合われたりしたことと乖離したテストや逆に授業をテスト対策の場にしてしまう、そのようなテストは避けねばならないのであって、教師が本当に知りたいことに応ずるテストはむしろ有用であろう。流れゆく授業の中で、できるだけ注視していてもなおとらえきれない、語り切れないことのみを、本来であれば手段を選ばず個に即して確認する必要がある。そこにテストの意味があるとすると、どのような形態が望ましいのか。(今も、香川小学校では評価の工夫について語り合う場が設けられてはいるが、引き続き)市販テストのうち必要な箇所のみを全体あるいは個に活用するのか、教師なりのモニターを続けながら気になる子を授業中に指名して実質的な形成的評価を行っていくのか、などその知恵は実践的に共有されていく必要がある。そしてそこで語り合われていることは、いま話題となっている「個別最適」の議論を有機的に引き取れる契機にも重なっていることに気づくのではあるまいか。

おわりに

学力などのわかりやすい「ものさし」で子どもたちを序列化する行為が、短期的には外発的動機付けになり、学力の上・中位層の子どもを鼓舞する側面もあるだろう。だが、授業における子どもの学びそのもの、他者と共同する経験、さらには文化そのものに正対していこうとする心的態度や見通しを貧しくするという懸念は教育に携わる専門家であれば共有できるものであろう。その懸念の払拭方法にもいくつかの道がある。「ものさし」を教室に持ち込まないのだとすると、それは評価という営みそのものをやめてしまうことなのかという極論も出てくるであろう。だが、それは間違いだ。子ども理解を深め、授業を自律的なものにしていくためには教育評価は欠かせない。筆者の見立てでは、香川小学校は教育評価を放棄してなどいない。教師は今日も明確な「ねらい」をもって授業を創っているし、当たり前のこと、つまり「日常的な対話行為」こそ教育評価の軸なのだという認識に立っている。

香川小学校は、國分校長はじめ教師たちの強い思いから、いったん、学力差をむき出しに可視化する評価方法に距離をとりながら考えることにした。そのとき、「更地」（＝あらゆる評価行為の停止）一辺倒ではないあり方を模索できないものか。これまでのように学力という一本の「ものさし」だけが有力に屹立するのではなく、一人一人が「らしさ」を発揮し、それを絶えず更新できるだけの、実に多様な「ものさし」や自他をとらえる視点が教室にゆるやかにある状態、「学力差」ではなく「個性の違い」こそがしっかり可視化されるような状態をどう実現していくかを考える契機にもなっているといえるのではないか。本章第1節で触れた朝顔の実践事例を思い出してほしい。そこにあったのは「個が一生懸命考え、場に貢献したことの違い」であったはずで、排他的競争の結果ではない。これだけ多様に個や集団の学びの足跡が残せるメディアがある時代だからこそ私たちは、「点」（ポイントとスコアの掛詞）にとらわれず、他者と関わりながら長いスパンで変容する姿をとらえていく視野に立ちたいところだ。

あとがき――授業研究と教育評価の関係を見続けて

約10年前、香川小学校と初めて出会ったとき、まだベテラン層の教師がたくさん在籍し、若手が「本時」の授業を創るだけでもしっかりサポートする体制があって驚いたものだ。子どもの在籍数の多さは県下有数であるから、もちろん教師の数も尋常でない。そのように多様なメンバーであったからこそ、教材・授業・評価などをめぐる豊かな言説が香川小学校に存在していたし、若手が育つ環境もあったように思う。國分一哉校長の前任の大八木尚子先生は、研究主任（当時）の小幡磨美先生と二人三脚で、授業研究での「子どものみとり」にとことんこだわり、その議論を通じて、若返りしていく教師集団を育てようと尽力された。わたしは大八木校長の、子どもの背後にある思いや来歴を大切にしながら校長みずから解釈していく姿に感動もした。1000人を超える子どもと数十人の教師たちを固有名でとらえて語り、時には授業の表裏で読み取れることに感涙も落とされる姿に胸打たれた。それゆえ、（先方が迷惑するくらい）月1回ぐらいのペースで2時間目から入り続けた。わたしも学校経営の機微も含めて大いに学ぶ機会をこの過程で得たものだ。

國分校長に代替わりしてからわたしが最も驚いたのは、管理職であることをもどかしいと自認されるほどに授業にかける熱量が高かったことだ。それが高じて、担任に許可を得て、みずから中学年の「分数」の授業を創って、通常の授業研究シフトに載せられ、同校の教師たちから「忌憚ない」コメントを協議でもらい、そしてそれが校長のちょっとしたトラウマになったというのもわたしが好きなエピソードの一つだ。どうやらあの頃にはすでに國分校長は、この通知表、ひいては評価改革を加速させていたことになる。研究主任（当時）の金子武史先生や大川叔郎先生をはじめとして多くの教師たちに、現職の教師とは専門性の異なるわたしのような外部者の「子ども理解」・「授業解釈」のための「みとり」について執拗なまでに言語化するよう求められた。もちろんそのプロセス自体がわたし自身の眼と口を育てもしてくれたので感謝しかないが、今から思えばそれは通知表改革に臨む教師たちのきわめて自然な反応だったのかもしれない。

２０２０年度、通知表をやめたのだと國分校長に打ち明けられたとき、驚きもしたが、同時に「さもありなん」と思ったのは事実だ。公立小学校で、しかもこれだけの大規模校、説明をせねばならない保護者や関係者の数も想像を絶する。教育実践の筋を通すことで子どもが豊かに育つのだという責任感や使命感に支えられた教師たちの信念の強さがあり、「一匹狼」になってもそれを教師たちとともに貫いて現場を守ろうとする國分校長の姿勢があったからこそ少なくとも3年間の試行錯誤が続けられたのだと思う。山田剛輔先生の仕切りで、評価の「評価」を行う教師たちの研修・協議会は年数回行われている。多忙感や逆風にさいなまれたり、人事異動で来たものの香川小学校の方針にまだ戸惑いを有していたり、と、ひとかたならぬ思いをそれぞれにもつ教師たちが、単純な後戻りを指向せず、より的確でより適切な評価をこの先行っていくうえで何が必要かと前向きに語り合い、時を忘れる姿に國分校長自身が感極まって言葉を詰まらせながら謝辞を述べたのは一度や二度ではない。そこに立ち会ってコメントを出すだけの気楽なわたしも、胸に迫るものがあるくらいだ。香川小学校の教師たちは悩みながらも、子どもや保護者たちと真摯に向き合ってきたことがわかろうというものだ。

通知表をめぐっては、日本中の学校が、やめるも地獄、続けるも地獄、のような構図にあるという事実からわたしたちは眼を背けてはならない。公立学校は人事異動が必ずあり、香川小学校でとことん悩み抜いた教師たちもいずれは他校に去っていく。通知表をやめるというのはある意味象徴でしかないと第3章で述べたのは、そのような教師たちへのエールでもある。本丸は、日常的に子どもたちの学びを丁寧にみとりそれをエピソードベースで豊かに語って、子ども本人・保護者・同僚と意義深くシェアしていく経験の蓄積、それによる専門性の熟達化といえる。そこで培った鑑識眼と言語は、他校で通知表を「再び始める」地獄にあっても教育評価の本質を貫徹する基礎となるだろうし、やがては地獄からの脱出も新天地で提案していける主体にもさせうると期待もしてしまう。

教育方法学のカリキュラム研究分野に身を置くわたしにとって、香川小学校との出会いと伴走とある種の「一蓮托生」感覚は、研究者として大いに育ててくれているという自覚があり、國分校長はじめ関係者のみなさまに深く感謝したい。

この出版企画の契機を作ってくださった共同通信社の記者の小田智博さんと日本標準の郷田栄樹さんとは、それぞれの子育てもたびたび素材にしながら、香川小学校の行き帰りなどで研究会さながらのクオリティで話し合えた。この出会いや再会があったればこそのタイムリーな企画となりえたのだと改めて感謝したい。郷田さんのご尽力を得て、「市販テスト」の真摯な開発とそれに基づく校務支援に注力される日本標準から本書のテーマで企画・出版がかなうことに一方で驚きもしたが、同時に、さすが、日本の学校における評価をめぐる文化の表裏を知悉なさる出版社ゆえの度量の広さでもあるとおおいに納得もしている。本書を通じて、随所にあるジレンマと向き合い続ける心地よさも読者のみなさまと共有できれば著者の一人としてうれしい限りである。

2023年2月

藤本和久

あとがき――願わくば挑戦の続きを

わたしは共同通信社の記者で、近年は教育に関するトピックを中心に取材している。ロシアによるウクライナ侵攻が始まって約2カ月が過ぎた2022年4月21日の午前中は、東京都文京区の東大本郷キャンパスにいた。日本に避難してきたウクライナ人の女性研究者を、東大が「訪問研究員」として受け入れるという話を取材するためだ。

研究者は、深い憂いと、ひとまず研究が続けられる安堵がない交ぜになったような表情で報道陣の前に姿を見せると、日本語で短く感謝の言葉を口にした。栗色の長い髪はほっそれが目立ち、彼女が直面する困難を象徴しているようだった。

重い気持ちで原稿を出し終えたところで、ふとスマートフォンに目をやると、会社の先輩から「バズりましたね」というメッセージが届いていた。この日の朝に公開した、香川小学校の通知表廃止とその後の経緯を描いたわたしの記事が、インターネット上で急速に拡散しているという連絡だった。

先に新聞記事として配信した際も、全国の少なくとも25紙に掲載され、関心の高さを感じていたところだった。ネット上に次々と感想が投稿され、最も多かったヤフーニュースのコメント欄の書き込み数は一時4000件を超えた。それらを一つ一つ読み進めていくうちに、香川小の取り組みがもつ可能性を信じ、取材を続けてきたことは間違いではなかった、という実感がこみ上げてきた。

賞賛の書き込みばかりだったからではない。むしろ反発のほうが大きかった。でも、賛否はともかく、何かしら自分の思いを表明したいという人がこれだけいる。それ自体が、通知表を一から問い直す（しかも公立小学校で）という挑戦の意義を、証明していると感じたからだ。

言ってしまえば1枚の紙切れに過ぎない通知表をなくしたことが、なぜこれほどのインパクトをもたらしたのだろうか。わたしは、書き込みの中にそのヒントがあるような気がした。「中学校以降は人と比較されるのだから、小学校のうちから慣れておいたほうがいい」というものだ。

身もふたもない意見だが、全面否定はできないと考える人は少なくないのではないか。実際、入試はいす取りゲームのようなものだ。とくに公立高校の入試は、中学校での成績や行動が点数に換算される。点数の付け方が妥当かどうかなんて考えても仕方ない。だったら、ゲームのルールに則って正しい方向に努力できるよう、早いうちに慣れさせておくのが、大人の務めではないか。社会に出た後も、いす取りゲームなんていくらでもあるのだから……。

通知表によって子どもは慣れるのだろう。たとえ望んでいなくても、だれかが自分の「能力」を値踏みしてくることに。自分が人と比べられることに。自分を人と比べることに。そして、大人になるまでには、自分が慣れていることにさえ気づかなくなる。

もちろん、通知表だけがその機能を担っているわけではない。市販テストや、香川小が大きく見直した運動会のように、学校において比べる機会は無数にある。ただ、定期的に発行される見開きの文書は長い歴史を経て、ある種の象徴になっている。

香川小の教員たちは、その象徴に正面から向きあった。「何のために通知表を出しているのか」。慣れきったわたしたちにとって、その問いは、あまりにも真っすぐだった。だからこそ、波紋を呼んだのではないか。

今後の香川小はどうなっていくのだろう。何の変哲もない一公立小が、通知表を「やめ続ける」とどうなるのか。現場はすでに、子どもたちの変化を実感しつつある。香川小の取り組みは他校にも刺激を与えているようだ。一人の記者としては、願わくばこの挑戦の続きを見たいと思っている。

この本をまとめるに当たり、まずは2年以上にわたって快く取材に応じてくれた香川小の方々に深くお礼を申し上げたい。とくに國分一哉校長は、通知表廃止と新型コロナウイルス禍が重なる厳しい状況下でも門戸を閉ざさず、その時点での思いや課題、自らの失敗も含めて率直に話してくれた。どんなときでもユーモアを忘れず、子どもたちに温かいまなざしを向ける姿にはしばしば感銘を受けた。

香川小に出入りしはじめた当初から、評価の専門家である慶應義塾大学の藤本和久教授と一緒に取材できたことはこのうえない幸運だった。授業中の子どもたち一人一人の何気ない行動や、教員の投げかけに、どんな意図が隠れているのか。その丁寧な解説を通じて、わたしは教員という仕事の奥深さに触れることができた。日本標準の郷田栄樹さんは、インターネットに配信したわたしの記事を見た直後から、この本の実現に向けて動き出してくださった。多くの学校現場を知る編集者としての造詣の深さには驚かされてばかりだった。共同通信社の同僚は、通知表という教育全体からすればニッチなテーマに取り組むわたしを温かく見守り、時に原稿について的確なアドバイスをくださった。ここには書き切れなかった方々も含め、感謝を伝えたい。

2023年2月

小田智博

[編著者]

小田智博　共同通信社 社会部記者

山口県出身。2005年に入社し、大分支局、福岡支社編集部、社会部、長野支局を経て2015年から社会部。近年は教育分野を中心に取材している。趣味はボードゲームとウォーキング。

國分一哉　神奈川県茅ヶ崎市立香川小学校長

1985年に教職に就く。算数大好きと言ってもらえるように楽しい算数を学級経営の中心に実践を重ねる。「楽しい」をキーワードに子どもたちと38年過ごす。毎年、横浜DeNAベイスターズの優勝を夢見て応援中。

藤本和久　慶應義塾大学教授

子どもの学びの姿に関心を寄せ、香川小学校はじめ、国・公立小中学校の授業研究に多数関わる。専門は教育方法学・カリキュラム論。著書に『「授業研究」を創る』(編著、教育出版) など多数。気分転換は海釣りと落語鑑賞。

[神奈川県茅ヶ崎市立香川小学校]

大町奈津美　小笠原潤一　香川恵
崎尾大輝　田澤志帆　羽賀晶子
三堀あづさ　村田夏実　山田剛輔

(五十音順、所属は2023年2月現在)

通知表をやめた。
茅ヶ崎市立香川小学校の1000日

2023年3月30日　第1刷発行

編著者――小田智博　國分一哉　藤本和久
発行者――河野晋三
発行所――株式会社 日本標準
〒350-1221　埼玉県日高市下大谷沢91-5
電話　04-2935-4671
FAX　050-3737-8750
URL　https://www.nipponhyojun.co.jp/
印刷・製本――株式会社 リーブルテック

ISBN 978-4-8208-0740-7